数字は世界共通[illegible]類の数字で、無限大に[illegible]表現できます。

数字は、あいまいな表現を、より具体的な表現に変えてくれます。たとえば、「この仕事を急いでお願いします」と言うより、「今日の3時までに完了するよう、お願いします」と言った方が、どのぐらい急ぐのかを正確に伝えられます。

また、数字がある場合とない場合では、説得力に大きな差が出ます。たとえば、「このプロジェクトはすばらしいから、実行しましょう」と言うより、「～円の利益が上げられるだろうから、実行しましょう」と言った方が、多くの人を論理的に説得できます。

今回は、このように数字で考え、表現する力、つまり「数字力」を鍛えていきましょう。さまざまな分野で活躍している数字を発見し、その意味や用途を考察していきたいと思います。複雑な計算式を扱うわけではないので、数学が苦手な人でも、きっと数字の面白さに気づくでしょう。

本書は60問を厳選して、それぞれ2ページ見開きで完結させています。問題は、①②③の選択式になっています。

問題を通して自分の頭で考えることで、脳に刺激を与えます。そして【正答】と【解説】を通じて、さまざまな切り口での数字力を鍛えようという構成です。

2ページ見開きの文字量は、極端に減らしました。ですから、電車の中でも簡単に読めます。また、「読むぞ」と気負わなくても、1～2問読んでみようという意欲が持続することを意識した分量になっています。

本書の各章では、それぞれ「会社」「お店」「マーケティング」「モノ作り」「時間とお金」「経済学」に関する数字と「正確に把握できない数字」を紹介しています。最初からではなく、気が向いた項目から読んでもかまいません。

では、はじめましょう。

平成21年10月　西村克己

Contents

第3章 マーケティングの数字　47

第4章 モノ作りの数字　65

第7章 正確に把握できない数字

装幀　松　昭教（ブックウォール）
装画　おおの麻里

第1章
会社の数字

1 社運をかけた大規模投資

Question

原木商事の経営会議では、大規模投資の是非を巡り、議論が進められています。新規事業候補の石油発掘事業には、中堅商社にとって、社運をかけた巨大投資が必要です。

成功すれば、売上も利益も2倍になる見込みです。しかし失敗すると、巨額の借入金が残り、経営破綻の可能性もあります。成功率は約3分の2（約67%）、原木社長はやる気満々です。

さて、原木商事はこの石油発掘の新規事業に投資すべきでしょうか？

❶60%を超えているのだから、投資すべきである
❷60%の確率は低いので、やめるべきだ
❸経営会議で多数決により決めればよい

Answer

正答は②です。企業の大前提は、ゴーイングコンサーン（継続企業：going concern）です。ゴーイングコンサーンとは、継続を前提として企業活動を行うという、経営の大原則です。

経営を博打《ばくち》にしてはいけません。小規模投資ならまだしも、社運をかけた巨大投資にあたって、3回に1回は失敗する60〜70%の成功率は、企業存続の危機につながりかねません。

解説

企業経営の目的とは？

企業経営は継続を前提としています。これをゴーイングコンサーンといいます。だからこそ、株式を公開し、投資家から資金を調達することが可能になります。

また企業が先行投資をしたり、ブランド力を高めたりするのは、継続を前提としているからです。企業が継続するためには、利益を伴う成長を続ける必要があります。

短期的に莫大な利益が手に入る可能性があったとしても、企業存続を危うくする可能性が高い先行投資は、慎重に検討する必要があります。経営は一か八かの博打ではありません。継続を前提とすることが第一なのです。

蛙《かえる》がムリして柳に飛びつくような経営は、博打と同じです。足元に着実にレンガを積んで、ジャンプしなくても悠々と片手で柳の木（利益のたとえ）をつかめるという状態が理想です。

普段から本業を重視している企業であれば、地の利を得ているので、足元に積み上げたレンガの上から柳の木を着実につかむことができます。

（ 経営は博打でやってはいけない ）

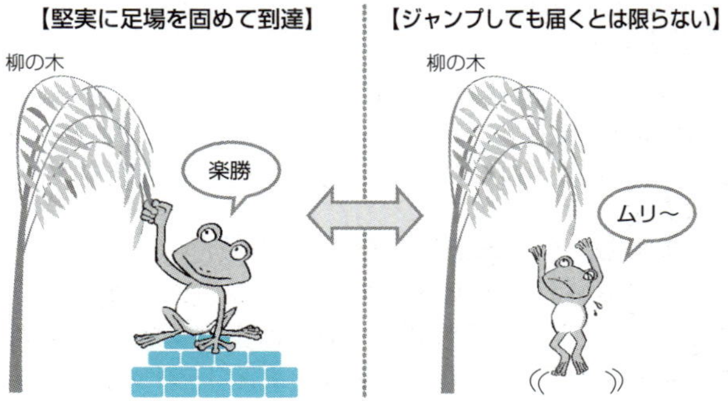

2 第4の決算書とは？

Question

決算書は、3つの資料で構成されています。1つめは貸借対照表（B／S）、2つめは損益計算書（P／L）、そして3つめはキャッシュフロー計算書（C／S）です。それでは、第4の決算書といわれているものはなんでしょうか？

❶「次年度の予算計画表」が第4の決算書
❷「経営の健全度の第三者評価表」が第4の決算書
❸「個別注記表」が第4の決算書

Answer

正答は③です。2000年以降日本の上場企業には、貸借対照表と損益計算書に続く第3の決算書、キャッシュフロー計算書を作成することが義務づけられました。そして近年、第4の決算書として「個別注記表」が加わりました。

個別注記表に記載する項目としては、継続企業の前提に関する注記、重要な会計方針に係る事項に関する注記、貸借対照表や損益計算書に関する注記などがあります。

解説

4つの決算書をおさえておこう

3つの決算書とは、B／S（Balance Sheet：貸借対照表）、P／L（Profit and Loss statement：損益計算書）、C／S（Cash flow Statement：キャッシュフロー計算書）です。

決算書は、企業の株主、債権者その他利害関係者に経営状態に関する情報を提供します。

B／Sは、企業のある時点での、資産と負債を明らかにする決算書です。期末に作成されるので、一般的には期末時点の資産と負債の状況がB／Sで把握できます。

P／Lは、企業のある一定期間における売上、費用、収益を把握する決算書です。企業が赤字か黒字かは、P／Lを見れば一目瞭然です。

C／Sは、キャッシュフロー（現金の流れ）を把握する決算書です。営業キャッシュフロー、投資キャッシュフロー、財務キャッシュフローに区分して把握します。

そして、第4の決算書が個別注記表です。法改正により、従来はB／SやP／Lの注記事項とされていた事項をとりまとめた「個別注記表」の作成が必要になりました。

個別注記表には、たとえば、親会社・子会社・役員に対する債権債務や取引金額などを記載します。また近年は、企業の存続に関する注記も増えています。

（3つの決算書と第4の決算書の注記）

貸借対照表
（B/S）
財産内容をあらわす

損益計算書
（P/L）
営業成績をあらわす

キャッシュフロー計算書
（C/S）
現金の動きをあらわす

「注記(フットノート)」とは決算書の補足情報

・継続企業の前提が崩れるおそれ(企業存続の前提)
・事業の種類別セグメント情報(何がどれだけ儲かっているか)
・所在地別セグメント情報(どこでどれだけ儲かっているか)
・海外売上(海外にどれだけ売っているか)
・会計処理方法の変更、偶発債務などの大事な情報

3

3つの会社のうち、最も儲かるのは？

Question

売上が50億円、利益が0《ゼロ》円の会社が3つあったとします。それぞれが、売上をさらに10億円伸ばしたとしたら、次のどの会社が最も経常利益を上げると推定できるでしょうか？

❶固定費が35億円、変動費が15億円の出版社
❷固定費が10億円、変動費が40億円の建設会社
❸固定費が25億円、変動費も25億円の家電企業

Answer

正答は①です。固定費は売上の上下にあまり影響を受けない費用です。変動費は、売上の上下に連動する費用です。変動費が少ない方が、売上が上がったときの利益が大きくなります。逆に売上が下がれば、大きな損失になります。

解説

変動費と固定費のからくり

変動費とは売上高や操業度によって比例的に増減する費用のことです。一方、固定費とは短期間では売上高や操業度の増減と関係なく一定に発生する費用のことです。

変動費の具体例としては直接材料費、固定費の具体例としては機械の減価償却費などがあります。人件費については、正社員なら固定費とし、パートタイマーなら変動費とするのが一般的です。

経営者が変動費と固定費を区分するのは、売上高や利益との関係をシミュレーションするためです。

たとえば、ある製品の販売数量が10％増加（減少）したら、利益はいくらになるのか。利益を伸ばすためにはA製品とB製品のどちらを多く生産・販売すればいいのか。売上が低迷しているC製品の生産・販売を中止したら利益はどうなるのか。このようなシミュレーションが可能になります。

固定費の高い企業では、売上減少が、利益の減少に直結します。たとえば、化学、家電、電話会社などの装置産業では、高い固定費を抱えています。売上の減少は、固定費の回収を困難にし、赤字を引き起こしかねないのです。

インターネット通信販売は、固定費が少ないため、売上が少なくても利益を出しやすくなります。一方、店舗販売だと、ある程度以上の売上がなければ、店舗の固定費を回収できません。固定費を減らすために、パートタイマーを大量に雇用し、人件費を変動費化する店舗もあります。

（費用＝固定費＋変動費）

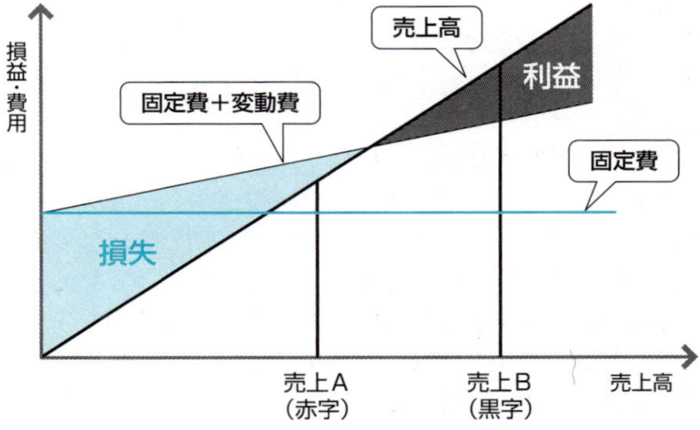

4 なぜ経費削減に躍起になるの？

Question

不況で売上が減ると、各社は経費削減に熱心になります。交通費、諸経費、広告費などの経費を削減するのに躍起です。また、サブプライムローンの破綻後、派遣社員やパートタイマーを大幅に減らした企業も多くありました。

さて、経営者が、経費削減や人件費削減に躍起になる最大の理由は？

❶社員の気持ちを引き締めたいから
❷短期的には、固定費の削減が利益に貢献するから
❸短期的には、変動費の削減が利益に貢献するから

Answer

正答は③です。不況で売上が減ると、収益を圧迫します。長期的には、固定費を減らすことで身軽な経営をめざすのが定石です。しかし短い期間で固定費を減らすことは容易ではありません。

そこで短期的な対策として、変動費を減らす方法があります。変動費が少なくなれば、ある程度売上が減っても利益は出ると考えるのです。なお、副次的な効果として、①の社員の気持ちを引き締める効果もあります。また、固定費の削減も、中長期的には大切な対策です。

解説

限界利益を上げる意味

限界利益（marginal profit）とは、売上高から変動費を差し引いた額です。いいかえれば、利益と固定費の合計額です。つまり、「限界利益＝売上－変動費」、または「限界利益＝固定費＋利益」です。

たとえば、単価（売価）500円のそばについて、限界利益を考えてみましょう。そばの変動費（材料費など）は200円とします。

そば1杯を売り上げるたびに300円の利益が出ます。この300円が、そば1杯当たりの限界利益（粗利）です。限界利益が高い方が、大きな利益を出せます。つまり、変動費を下げて、限界利益を上げることが大切です。

ここでは固定費を考えていませんが、限界利益が固定費を上回れば、企業としての利益になります。限界利益を高く、固定費を低くできれば、利益を出しやすい企業体質になります。

限界利益を上げるためには、1個当たりの変動費を低減させることが必要です。また同時に、販売数量を伸ばすことで、限界利益を上げることができます。

（限界利益＝売上高－変動費）

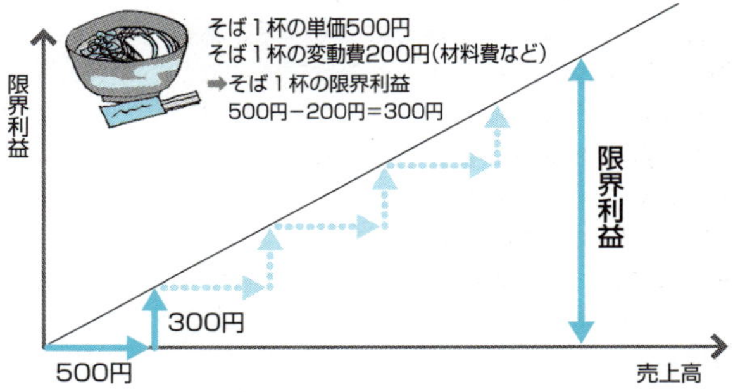

5 いくら利益が減るか？

Question

吉田電気の今年度の売上は、100億円です。しかし、3年後の売上は90億円と、売上が10億円減ると予測されています。

さて、吉田電気が売上の減少による利益の減少分を最小限にするためには、どの対策が最も効果的でしょうか？

❶変動費を徹底して減らす
❷固定費を徹底して減らす
❸材料費と部品費を徹底して減らす

Answer

正答は②です。売上が伸びないときは、利益額を増やす、という考え方があります。「売上を減らしても利益を確保する」のです。

売上高が思うように伸ばせない場合、根本対策として、固定費を徹底して減らすことが効果的です。固定費が高いと、多くの売上を確保しなければ赤字になります。なお、①の変動費を減らす、③の材料費と部品費を減らすことも大切です。

解説

損益分岐点が教えてくれること

損益分岐点（break-even point）とは、企業の売上高と費用が一致する状態をさします。損益分岐点以上の売上高を確保すると利益が生じ、損益分岐点を下回ると損失が発生します。

限界利益を積み上げて、固定費と一致したところが、損益分岐点となります。限界利益が固定費を超えれば、企業の利益、下回れば損失になります（下図左）。

一方、固定費と変動費を合計した金額が、売上高と一致したところも、損益分岐点となります。売上高が、固定費と変動費の合計を上回れば利益になります（下図右）。

企業活動は利益を上げる活動です。売上高をどこまで伸ばせば利益を出せるのかを予測することは大切です。損益分岐点は、利益を出すために必要な最低限の売上高です。

損益分岐点の用途として、「一定のコスト構造の中で、売上がどのように変わると利益が出るのか」「コスト構造が変わったときに、売上と費用がどのようなレベルにあれば利益が出るのか」を予測できます。損益分岐点分析は、新規事業の立ち上げや、新規商品投入の際には必要不可欠です。また、損益分岐点分析によって、企業全体のコスト構造を大まかに把握することができます。

（損益分岐点を見極めよう）

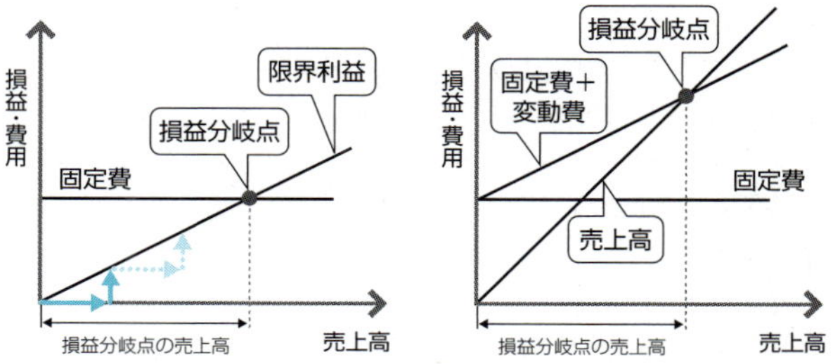

・限界利益で固定費が回収できれば損益分岐点（左図）
・変動費と固定費をピッタリ回収できれば損益分岐点（右図）

6 アウトソーシングをなぜ行うのか？

Question

アウトソーシング（外部委託）とは、業務を社外に丸投げに近い状態で委託することです。たとえば、物流を運輸会社にアウトソーシングする、製品の生産をEMS（パソコンや携帯電話といった電子製品の組み立てを専門とする会社）にアウトソーシングする会社が増えています。

さて、なぜアウトソーシング先の利益まで負担して、外部に委託をする必要があるのでしょうか？

❶アウトソーシングのブームに乗り遅れたくないから
❷管理をシンプルにしたいから
❸身軽な経営をめざしたいから

Answer

正答は③です。アウトソーシングによって、固定費を変動費にすることができます。たとえば、物品の輸送を社内で行う場合、物流センター、物流人員、トラックなどを保有することになり、固定費がかさみます。しかし、物流の専門会社に業務を委託し、仕事量に応じて支払いをすれば、変動費として扱えます。

固定費を変動費に変えることで、売上減少が収益に与える影響を軽減できます。また物流センターやトラックなどの固定資産を減らすことで、借入金の増加を防ぎます。

解説

アウトソーシングで身軽な経営

アウトソーシングとは、専門性が高い企業に外注することです。単なる外注と異なるのは、外注は安さを重視、アウトソーシングは安さと品質の両立を重視することです。

近年アウトソーシングが増加しているのは、少ない経営資源で、投資効率を高めるためです。「経営効率＝利益÷投資」です。同じ利益を上げたとしても、多くの投資（経営資源）を使うと経営効率が下がってしまいます。

アウトソーシングによって、固定費を下げようとする代表的な例として、物流があります。物流を自社で行うと、物流センターの建設・運営、トラックの購入・運用など、莫大な投資が必要になります。アウトソーシングで変動費化することで、自社の固定費を低く抑えられます。

また、工場などの組み立て作業をアウトソーシングしているメーカーもあります。自前の工場を持たないで、すべてアウトソーシングしているメーカーもあります。飲料メーカーも、製缶の大半をアウトソーシングしています。

（アウトソーシングで固定費を下げる）

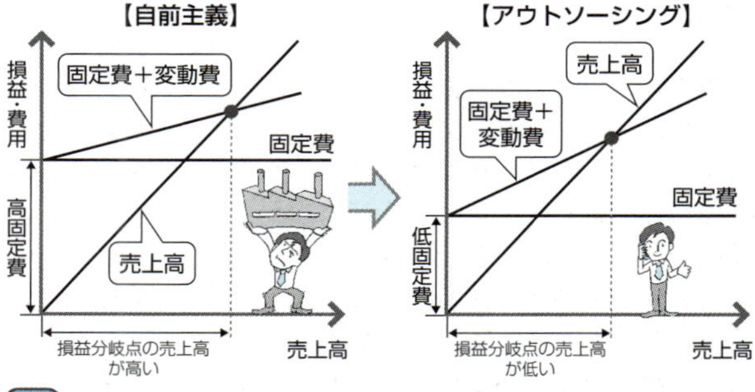

固定費を小さくすることで、損益分岐点を下げられる

7 黒字倒産ってどうして起こるの？

Question

黒字倒産という言葉があります。黒字なら何も問題がないはずなのですが。

なぜ黒字なのに倒産する会社があるのでしょうか？

❶経営者が黒字倒産を宣言して、意図的に解散するから
❷資金繰りに窮して不渡り手形を出すから
❸資金繰りは困っていないが株式上場廃止になったから

Answer

正答は②です。

決算書では黒字でも、資金繰りの悪化により、手形決済で半年間に2回の不渡りを出すと銀行取引が停止になります。

決算書で黒字だからといって、現金が豊富にあるとは限りません。たとえば、商品が売れなくて在庫を大量に抱えている場合です。在庫評価を加味すると黒字でも、商品が売れなければ現金が入ってきません。商品の在庫を大量に持った場合、資産評価として黒字でも、現金が不足することがあります。

①の経営者自身が意図的に解散する方法もありますが、あくまで解散であり倒産ではありません。③の株式上場廃止は、即倒産にはつながりません。MBO（マネジメント・バイアウト：経営陣買収）により、意図的に上場廃止する企業も増えています。

解説

倒産の仕組みと黒字倒産

経営とは、お金を商品に変換して、販売によってより多くのお金を回収する活動です。では、商品が売れなかったらどうなるでしょうか？　商品在庫がたまる一方で、お金は回収できなくなります。

商品在庫を持つことで、材料費や生産費、そして倉庫費などがかかります。在庫が増えれば、ますますお金が必要になります。これではいくらお金があっても足りません。そうして資金繰りができなくなれば、黒字でも倒産に追い込まれます。

通常、在庫は資産として計上されます。しかし、いくら多くの資産があっても、そして財務上で黒字になっていても、現金がなくなれば経営は破綻します。これが黒字倒産です。2008年には、約600億円の経常利益を誇った不動産会社が倒産しました。

販売がストップし、現金が回らなければ、利益どころか、費用回収さえできなくなります。現金は企業にとって血液のようなものです。血液の流れが止まってしまえば、企業活動も停止し、倒産してしまいます。

（お金をモノやサービスに変換し、より多くのお金に戻すビジネス）

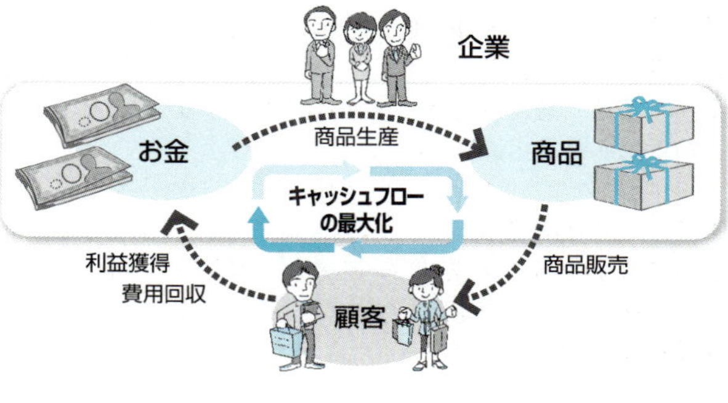

8

なんでわざわざ株式公開をするの？

Question

株式を公開すると、譲渡株式により資金が調達でき、自己資本の増強が可能になります。ただし、毎年株主総会を開催しなければなりませんし、株主から厳しい評価を受ける覚悟も必要になります。

さて、株式公開には、公開時の自己資本の増強以外に、どのようなメリットがあるのでしょうか？

❶経営者に対して株主から公正な評価が受けられる
❷他社に買収してもらう機会が増える
❸増資や転換社債など、資金調達の可能性が広がる

Answer

正答は③です。

株式を公開することで、株式市場からの資金調達が可能になります。代表例が転換社債と増資による資金調達です。

①の株主から評価が受けられることもありますが、株主総会をあまり好まない経営者も少なくありません。②の買収してもらうことは本意でないでしょう。

解説

上場のメリットとデメリット

株式市場への上場によって、広く不特定多数の者に株式を公開することを、IPO（Initial Public Offering：新規公開株式）といいます。

株式の公開により、企業は、証券市場において機動的に資金を調達できるようになります。新株発行、転換社債発行などにより、資金を調達することが可能になります。

また上場によって、企業の知名度アップや相対的な信用度向上を図ることができ、事業展開の円滑化や、優秀な人材の確保もしやすくなります。

株式公開のデメリットとしては、経営者が株主価値の向上について、厳しく問われることがあります。また、どのような人でも資金さえあれば株式を取得できるので、敵対的買収などの可能性もあります。

ソフトバンクは、時価総額（発行株数×株価）を高めることで、資金調達を行ってきました。転換社債発行などにより、1兆数千億円を投じて、ボーダフォン（携帯電話会社）を買収したのは有名です。

安定株主を確保するため、株主優待制度に力を入れている会社もあります。たとえば、「ファン株主10万人構想」を打ち出しているカゴメでは、カゴメの製品を手に入れたいという個人株主を増やしたという実績があります。

株式公開の仕組み

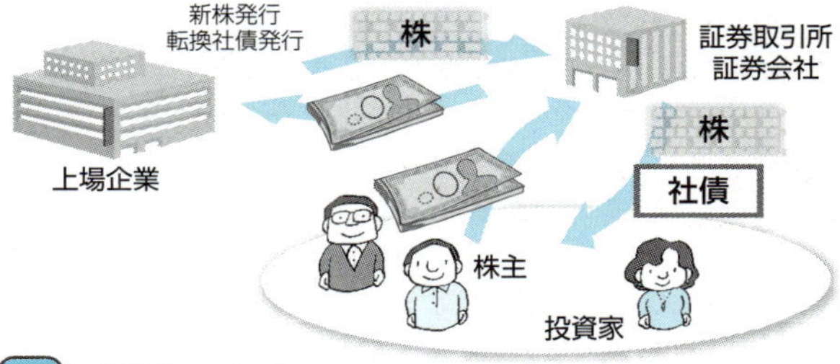

企業側のメリット
- 新株や転換社債を発行して資金を入手できる
- 返済しなくていい資金が手に入る

9 自社株買いなんてもったいない？

Question

自社株をわざわざ購入する会社も増えています。自社株を株式市場で購入するためには資金が必要です。株式市場から資金を調達するために株式を公開したはずなのにムダではないでしょうか。

さて、なぜ資金まで使ってわざわざ自社株買いなんてするのでしょうか？

❶流通株式数を減らして1株当たりの価値を高めるため
❷余剰資金の使い道に困るため
❸一流企業の証として自社株買いがブームになっている

Answer

正答は①です。

2003年の商法改正で、自己株式の取得が解禁されました。自社株買いで取得した自社株式を、金庫株と呼びます。株式市場で流通する株式数が減れば、株価が上昇しやすいというメリットが生まれます。

株価が下がったときに購入し、株価が上がったときに転換社債や新株を発行すれば、資金調達のメリットを享受できます。①の1株当たりの価値を高めることができます。②の余剰資金の使い道にする、③のブームに乗る、というだけなら、巨額の資金を使う必然性は少ないでしょう。

解説

企業が金庫株を持つ理由

2003年の商法改正で、取締役会決議に基いた、自己株式の取得が可能になりました。企業が取得し、保有する自己株式のことを、金庫株と呼びます。

保有した自己株式（金庫株）は、無期限で、かつ数量に制限なく保有が認められています。更に取締役会の決議を経て、新株発行として再度放出したり、消却したりすることも可能になりました。

自己株式を消却した場合、発行されている株式数が減少するため、1株当たりの価値が上昇します。これによって株価の下支え効果が期待できます。

株価が安いときに自己株式を購入し、株価が上昇したときに、その金庫株を新株として放出することも可能です。

数百億円以上の資金を準備し、自己株式の購入に積極的な企業もあります。自己株式の購入は投資家にプラスイメージを与え、株価の下支えにも効果的です。自己株式の購入で、積極的なファイナンス戦略が可能です。ただし、健全な利益体質がなければ、購入資金も調達できません。

（ 自社株買いで積極的なファイナンス戦略を ）

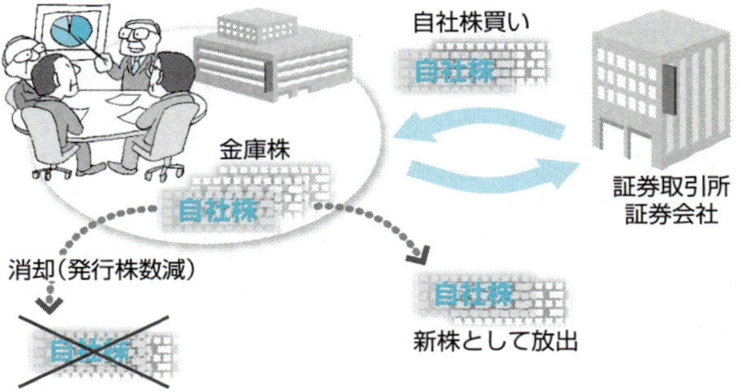

数字力1分間トレーニング／コラム

第1章　会社の数字

◆株式会社の起源は東インド会社

株式会社の起源といえば、今から約400年前にさかのぼる、東インド会社（East India Company）です。イギリスが1600年に設立し、その後オランダが1602年、フランスが1604年と、各国が東洋貿易実施のために、東インド会社を設立しています。なお、ここで言う「インド」とはヨーロッパ、地中海沿岸地方以外の地域をさします。

イギリスの東インド会社は、主にインドで栽培された紅茶などを、イギリスに独占輸入するために設立されました。しかし当時の船と航海技術では、海難事故が多発しました。これにより多くの損失も発生しました。

そこで、荷主が海難事故で損をしないために、1回の航海ごとに投資家から資金を集めました。無事イギリスまで船が戻ってくれば、投資資金が2～3倍になって返ってくる。しかし海難事故にあえば資金は没収という仕組みです。

しかし、1回ごとの投資では、あまりにも投資家のリスクが高くなります。そこで、継続を前提に投資するという発想が生まれました。つまり、投資家から資本金を集め、成功すれば資本金は預かったままで、配当金を支払うという仕組みです。

継続企業の考え方が生まれたのはこのころです。リスクが高い投資方法を改善するため、オランダの東インド会社が今の株式会社の仕組みを確立しました。

第2章

お店の数字

10 超大手スーパー、ウォルマートの売上高は？

Question

ウォルマート（WAL-MART）は、米国のアーカンソー州に本部を置く世界最大のスーパーマーケットチェーンです。ウォルマートの成長率は高く、毎年売上高を伸ばしています。

さて、ウォルマートの1年間の売上増加分は下記のうちどれに相当するでしょうか？

❶玩具で有名なタカラトミーの年間売上高に近い
❷日本のパン業界最大手、山崎製パンの年間売上高に近い
❸セブン-イレブンの年間売上高に近い

Answer

正答は③です。

2008年におけるウォルマートの売上高は4056億ドル（約40兆円）、純利益は134億ドル、従業員数は約210万人です。

2008年もしくは2008年度において、①のタカラトミーには約1800億円、②の山崎製パンには約8000億円、③のセブン-イレブンには約2兆8000億円の売上がありました。

ウォルマートの年間成長率は、約10%です。1年間の売上増加分だけで、イトーヨーカ堂やセブン-イレブンをはるかに超える規模です。

解説

世界の流通企業、ウォルマートの成長率

金融・石油業界を除けば、世界の最強企業は、年商4056億ドル（約40兆円）のウォルマートです。ウォルマートは、毎年10%に近い成長率を記録し、年間約4兆円の売上高を伸ばしています。

セブン-イレブンなら約2兆8000億円、イトーヨーカ堂なら約1兆4000億円が年間売上高です。4兆円といえば、セブン-イレブンやイトーヨーカ堂のような大企業が、毎年誕生するという売上規模、脅威の成長率です。ちなみに日本の人口は約1億2777万人、米国は約3億315万人です。米国の購買意欲の高さがうかがわれます。

世界のお金持ちといえば、資産400億ドル（約4兆円）でマイクロソフトのビル・ゲイツ氏です。しかし、ウォルマートを経営する4人兄弟であるウォルトン一族の総資産は、706億ドル（約7兆円）です。世界のお金持ちはアメリカ大陸に集中しています。

（世界最強の企業・資産家）

※米国Fortune誌「Global 500」(2009年版)より、金融・石油を除く

順位	企業名	売上高	本社(国)
1	ウォルマート	4056億ドル	米国
2	トヨタ自動車	2044億ドル	日本
3	ゼネラル・エレクトリック	1832億ドル	米国
4	フォルクスワーゲン	1666億ドル	ドイツ
5	国家電網公司	1641億ドル	中国

※米国Forbes誌発表(2009年3月)、著者調べ

順位	個人名	資産	企業名	国籍
—	ウォルトン一族(4人兄弟)	706億ドル	ウォルマート	米国
2	ビル・ゲイツ氏	400億ドル	マイクロソフト	米国
3	ウォーレン・バフェット氏	370億ドル	バークシャー・ハサウェイ	米国
4	カルロス・スリム氏	350億ドル	テルメックス	メキシコ
5	ラリー・エリソン氏	225億ドル	オラクル	米国

11

なぜ量販店は巨大化を好むのか？

Question

家電量販店は売上高を増やすために、同業の家電量販店の買収に積極的です。2008年度、ヤマダ電機はベスト電器の買収を断念しましたが、地方の量販店を買収し、業界1位の売上高1兆8000億円を達成、2兆円に迫る勢いです。

さて、買収をしてまで量販店が巨大化をめざす、最大の理由は何でしょうか？

❶余った資金の使い道として、買収は効率がいいため
❷大量仕入により仕入価格を下げるため
❸業界1位を維持するため

Answer

正答は②です。

量販店は規模の拡大をめざすことが基本戦略になります。規模の巨大化により、大量仕入を可能にし、メーカーからの仕入価格を下げるのです。仕入値を下げることで、「安売りしても儲かる戦略」を展開します。

①の買収の効率がいいというわけではありません。買収には巨額資金と予想を超えたリスクが伴います。②のように仕入価格の値下げをねらっています。③の業界1位の維持というのも一理ありますが、②が最大の理由です。

解説

商品仕入の数字

お店で大切なのは、販売と同時に商品の仕入です。仕入戦略のことをマーチャンダイジングといいます。一方、販売戦略は、マーケティングです。

大量仕入をすることで、商品の仕入単価を低減させることができます。これを、マスマーチャンダイジングといいます。

店舗に商品を売る側にとっては、大量に購入してくれる相手がいれば、一括で在庫をさばくことができるし、手間もかかりません。小口で何百件の相手に販売するより、大口で何百倍もの商品を一括で購入してくれるところがあれば、値引きをしてでも喜んで売りたいと考えます。

量販店は店舗数を増やすことで、売上規模の拡大をめざします。売上を拡大することで、商品を大量に仕入れ、仕入単価を低減させるのです。

かつての量販店といえば、ダイエーでした。ダイエーは「薄利多売」でスーパーの多店舗展開を推進しました。そして、マスマーチャンダイジングを可能にしたのです。その後、ヨドバシカメラやヤマダ電機など、カテゴリーキラーといわれる家電量販店が台頭してきました。カテゴリーキラーには他にも、トイザらスのように、おもちゃというカテゴリーに商品を絞り込んだ量販店もあります。

（ 大量仕入による仕入価格低減 ）

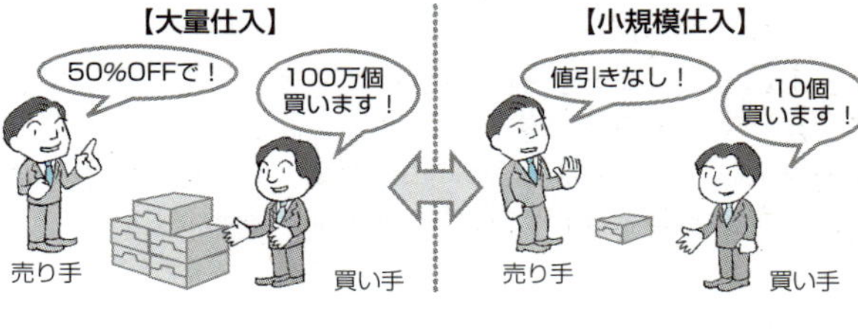
【大量仕入】
50%OFFで！
100万個
買います！
売り手
買い手
【小規模仕入】
値引きなし！
10個
買います！
売り手
買い手

12 なぜチェーン店は多店舗展開をするのか？

Question

コンビニチェーン、ファストフード店、居酒屋チェーンなどは、店舗数を増やすことに注力しています。すでに、セブン-イレブンの店舗数は、日本国内で1万2349店（2009年6月末現在）です。

ではなぜ、チェーン店は多店舗展開に注力しているのでしょうか？

❶1店舗が負担する広告費や開発費などが軽減できるから
❷新店舗開発担当部門の仕事を維持するため
❸慣性の法則（今の傾向が継続すること）が働くため

Answer

正答は①です。

チェーン店が多店舗展開をするのは、①の1店舗が負担する広告費や開発費などを減らすためです。もちろん、大量仕入による格安仕入を可能にするメリットも享受できます。しかし、②の開発部門の仕事を維持するとか、③の慣性の法則が働くといった成り行きの結果ではありません。

セブン-イレブンの店舗数を約1万2000とすると、本部が1200万円を広告に費やしても、1店舗の負担金額はわずか1000円です。店舗数が増えると、チェーン本部は莫大な金額の経費を使うことができます。

解説

チェーンオペレーションのメリット

チェーン店は、多店舗展開を、経営戦略の中核に据えています。チェーン店が多店舗展開をめざすことを、チェーンオペレーションといいます。これには、主に3つのメリットがあります。

1つめが、「店舗標準化」です。店舗設計をパターン化・標準化することで、新店オープンにかかる費用を削減し、短期出店を可能にします。2つめは、「各店舗への本部コストの負担最小化」です。多くの店舗があれば、1店舗に配賦する本部コストを減らせます。共通システムを利用し、1店舗当たりの負担額を抑えます。3つめは、「大量仕入」による商品仕入単価の低減です。

チェーンオペレーションは、ローコストオペレーション（低コストでの運営）を可能にします。これが、チェーン店が多店舗展開にこだわる理由です。

ちなみに歯科診療所は、コンビニより軒数が多く、全国に約6万8000箇所もあります。

（ コンビニより歯科診療所のほうがはるかに多い ）

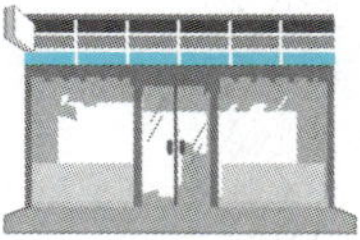

セブン-イレブン
1万2349店舗
（2009年6月末現在）

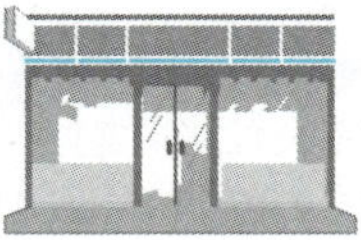

ローソン
9527店舗
（2009年2月末現在）

ファミリーマート
7504店舗
（2009年6月末現在）

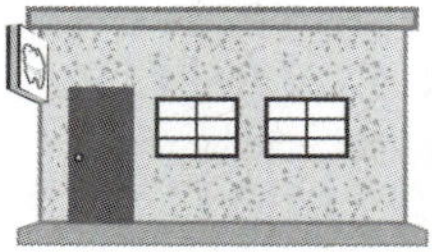

歯科診療所
6万7798箇所
（2007年10月厚生労働省調べ）

13 販売効率の指標はどれとどれ？

Question

店舗では、販売効率を高めることが、結果的に収益向上につながります。その販売効率を最もよくあらわす指標は、下記のうちどれでしょうか？

❶店員１人当たりの売上高と、１日当たりの集客数
❷前月と比較した売上高と集客数
❸１坪当たりの売上高と客単価（顧客１人当たりの売上）

Answer

正答は③です。

店舗の販売効率を最もよくあらわす指標は、③の1坪当たりの売上高と客単価です。①や②の指標にも意味はありますが、③が最も重視されている指標です。

店舗面積は簡単には広げられません。店舗面積は限られた経営資源です。限られた経営資源の効率を最大化することは、経営戦略の定石です。

解説

坪単価売上と客単価売上

お店がこだわる販売効率の1つに、坪単価売上（1坪当たりの1ヶ月間の売上高）があります。坪単価売上は、月間売上高を、店舗面積の坪数で割ったものです。

お店の販売面積を簡単に増やすことはできません。だから、坪単価売上が販売効率を考えるうえで重要なのです。坪単価売上が増えれば、お店の月間売上高も上がります。

坪単価売上を上げるためには、どのような工夫が必要なのでしょうか。1つめは、通路を除いた陳列スペースを多く確保することです。2つめは、陳列の密度を高めることです。3つめは、魅力ある品揃えで、購買意欲をそそることです。

坪単価売上以外の効率指標として、客単価売上（来店客1人当たりの売上高）があります。来店客数を簡単に増やすことが難しい場合、1人当たりの売上高を上げることが効果的です。そのため、単価が高い商品の品揃えやついで買いにも力を入れます。たとえば、レジ前にガムなどの小物を置いているのは、ついで買いをねらったものです。

売上＝客単価売上×来店客数です。売上を上げるためには、来店客数を増やす努力も必要です。割引キャンペーンやイベントを行うことで、来店客数アップを図ることもあります。また、コンビニがＡＴＭ（現金自動預払機）を設置するのも、来店客数アップをねらったものです。

（ 坪単価売上、そして客単価売上×来店客数が重要 ）

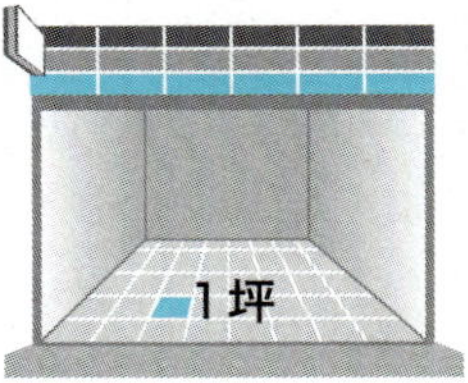

$$坪単価売上＝\frac{売上}{坪数}$$

14 家賃の高い一等地でも儲かるのはなぜ？

Question

お客がほとんど入っていないのに、多くの店員を抱えて一等地の高い家賃を払っている宝石店は珍しくありません。

お客が少ないのに、なぜ経費をかけながら存続できるのでしょうか？

❶経営のオーナーが巨大資本だから
❷粗利（限界利益）が大きいから
❸イメージアップになるので家賃を安くしてくれるから

Answer

正答は②です。利益を上げられなければ、巨大資本でも経営存続が危うくなります。①の巨大資本だけでは限界があります。②の粗利が大きいからが正解です。③の家賃が安くなるというわけではありません。

宝石販売は、粗利が大きい業界です。宝石の仕入原価は通常定価の約20％、それに家賃や人件費の店舗運営費などが加算されて経費になります。売上の大半が利益です。また、レストランのワインの仕入値は、売価の25％以下が常識です。

解説

業界で大きく異なる粗利

ROI（Return On Investment：投資利益率）は、経営

効率の指標の1つです。「ROI＝利益÷投資」で、分子に利益、分母に投資したお金をおきます。利益を上げるか、投資を下げることで、ROIを高めることができます。

またROIは、「利益÷売上高」と「売上高÷投資」をかけあわせたものだと考えることもできます。「利益÷売上高」は利益率、「売上高÷投資」は回転率です。つまり、ROIを高めるためには、「利益率×回転率」をアップすればよいということができます。

粗利（限界利益）が大きい商品を販売する場合、利益率が高いので、少ない回転率でもある程度利益を確保することができます。

利益率アップの方策としては、値上げ、サービス強化、付加価値アップなどがあります。たとえば、宝石店の高級感を出すことで、高値で宝石を販売することが可能です。

商品の回転率アップの方策としては、値下げ、低価格販売、ムダな資産の削減などがあります。薄利多売は、回転率アップをねらった戦略でもあります。

商品の回転率アップのためには、来店客数を増やすことも大切です。そのためには、家賃が高くても人通りが多い場所に店舗を構えることも必要です。

経営効率を、利益と投資で測るROI

$$\mathrm{ROI} = \frac{\text{利益}\uparrow}{\text{投資したお金}\downarrow} = \frac{\text{利益}}{\text{売上高}} \times \frac{\text{売上高}}{\text{投資}}$$

利益率アップには…
- 値上げ
- サービス強化
- 付加価値アップ

回転率アップには…
- 値下げ
- 低価格販売
- ムダな資産の削減

※ROI＝Return On Investment（投資利益率）

15 在庫が少ない店と多い店、どちらがいい？

Question

1ヶ月間の売上が3000万円のアパレル（衣料）のお店が3店舗あります。3店舗とも、同じような分野のカジュアル商品を扱っています。店舗の在庫商品を、A店が2000万円分、B店が6000万円分、C店が1億円分、それぞれ持っています。ただし、商品の在庫不足は適宜補充されるものとします。

さて、どのお店の経営効率が高いですか？

❶在庫商品（2000万円）が最も少ないA店
❷在庫商品（6000万円）が多めのB店
❸在庫商品（1億円）が最も多いC店

Answer

正答は①です。

商品回転率は、お店の経営指標の1つです。商品回転率とは、1年間で商品在庫を何回転させられるかを示す指標です。「商品回転率＝1年間の売上高÷在庫金額」です。

たとえば、①の在庫金額2000万円で、年間売上高3億6000万円（3000万円×12ヶ月）を割ると、18回転になります。

業界による違いもありますが、同業者同士で、かつ同じ売上高なら、在庫金額が少ない方が、経営効率が高くなります。したがって、少ない投資資金で売り上げている①の

Ａ店の経営効率が高いのです。

解説

商品回転率と在庫

商品回転率を高めれば、少ない在庫金額で多くの売上を得ることができます。また在庫金額が少なければ、投資資金も少額ですむので、経営効率を高めることができます。

商品回転率は、1年間に在庫が何回転するかという指標です。一方、同じような在庫指標に、「在庫月数」があります。在庫月数は、在庫金額を1ヶ月分の売上高で割った数値です（在庫月数＝在庫金額÷1ヶ月分の売上高）。
「商品回転率×在庫月数＝12ヶ月」になります。商品回転率を高めることと、在庫月数を減らすことは同じ意味になります。

アパレル業界では、季節によって商品が変わり、流行の移り変わりが激しいため、売れない在庫を抱えやすくなります。そのため、流行遅れ、季節外れの商品を特売して在庫を減らそうとします。売れない在庫を抱えていては、資金繰りが苦しくなります。そんなとき、値下げをしてでもいいから現金が欲しいというのは、お店の苦しい本音です。

（年間の売上が120億円、在庫金額が30億円の場合）

年間売上高　120億円 ↑
在庫金額　30億円 ↓
＝ 商品回転率 ↑
4回転／年

在庫金額　30億円 ↓
月間売上高　120億円÷12ヶ月 ↑
＝ 在庫月数 ↓
3ヶ月分

商品回転率 ↑ ×在庫月数 ↓ ＝12ヶ月

16 どの店が儲かるか？

Question

年間の商品回転率と粗利率をかけあわせたものを、交差比率といいます。店舗では、交差比率によって、経営効率がわかるといわれています。

さて、同じ業種の店舗だとすれば、下の3つのうち、どのお店の経営効率がいいと判断できるでしょうか？

❶年間6回転×粗利率20%＝120%の店
❷年間4回転×粗利率40%＝160%の店
❸年間10回転×粗利率20%＝200%の店

Answer

正答は③です。交差比率（商品回転率×粗利率）が高い方が、お店の経営効率が高いと判断できます。ただし、交差比率の高い業界と低い業界があります。

業界が同じなら、交差比率が高い会社の方が、経営効率が高いと判断できます。③の交差比率が最も高いので、経営効率が高いと考えられます。

解説

経営効率をあらわす交差比率

交差比率とは、商品が効率よく利益を生み出しているかどうかを測る指標です。交差比率は「商品回転率×粗利率」であらわします。単位は%です。

一般的に粗利率が高い商品は、数が売れないことが多く、必ずしも儲けが大きくなるとは限りません。そのため、粗利率だけでは、本当に儲かる商品かどうかを判断するのは困難です。

そこで、商品回転率とかけあわせた指標である交差比率を見ることで、商品が効率的に儲けを生み出しているかどうかを見ていきます。交差比率が高い商品ほど、効率よく利益を生み出しているということになります。

この交差比率には、業界ごとに特徴があります。ある年の業界平均のデータで見ると、交差比率が高い業界は、テーラー（仕立服屋）やブティックです。テーラーなら粗利率が50％以上、商品回転率が約9回転で、交差比率は495％です。ブティックなら、粗利率が約40％、商品回転率が約10回転で交差比率は400％です。

貴金属・時計店は、粗利率が47％と高いものの、回転率が3.3回転で、交差比率は155％です。

交差比率を高くするためには、商品の値上げや仕入価格の値下げで粗利率を上げるか、在庫を減らして商品回転率を上げるかすればよいのです。

交差比率でモノの経営効率を見る

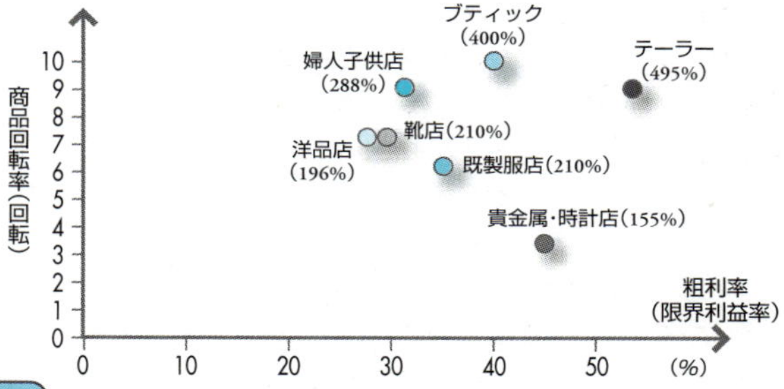

交差比率＝商品回転率×粗利率

17

24時間営業をする最大の理由とは？

Question

24時間営業といえばコンビニですが、近年、イオングループなどの一部のスーパーマーケットで、食料品売場の24時間営業をはじめています。

さて、売上面積が広いスーパーで、電気代と人件費を使ってまで、なぜ24時間営業をするのでしょうか？

❶世論的に雇用促進が求められているため
❷店舗の固定費は増えないので、固定費の有効活用
❸一種の広告として、存在感をアピールするため

Answer

正答は②です。

固定費は売上高や営業時間に関係しない費用です。一般的に建物の家賃や減価償却費は固定費です。24時間営業しても、1日当たりの固定費は同じです。したがって、夜にお店を閉めるよりも、長時間使う方が得策といえます。

コンビニでは365日24時間、建物をフル活用するので、1時間当たりの建物経費が軽減されます。たとえば、12時間営業していたお店が24時間営業をはじめれば、1時間当たりの固定費負担額は半分になります。

①と③の効果もありますが、最も効果が高いのは②の固定費の有効活用です。

解説

固定費をフル活用する24時間営業

近年、24時間営業・年中無休のお店が増えています。コンビニや牛丼チェーン店などはもとより、イオンなどの大手スーパーで、食品売場を24時間開けておく店舗も増えています。

営業時間を延長して増える費用の大半は変動費です。たとえば、パートタイマーの人件費、光熱費や雑費などが費用として増加します。

24時間営業のために社員を増員すれば、固定費が増えます。昼間と社員のやり繰りをするなどして、社員は増員しない方が賢明です。建物の家賃は固定費なので、24時間営業をしても増えません。

24時間営業で、経費、特に変動費の増加分を超える粗利が得られれば、店舗の利益を増やすことができます。都心の人口密集地では、24時間営業が極めて効果的です。

以前、イオンが24時間営業をはじめた後、コンビニのローソンが近くに開店したことがありました。しかし半年後にローソンは閉店。同じ24時間営業であれば、価格が安いスーパーに行くのは自然なお客さんの流れでしょう。コンビニ業界も強敵あらわるというところでしょうか。

（ 24時間営業しても固定費は増えない ）

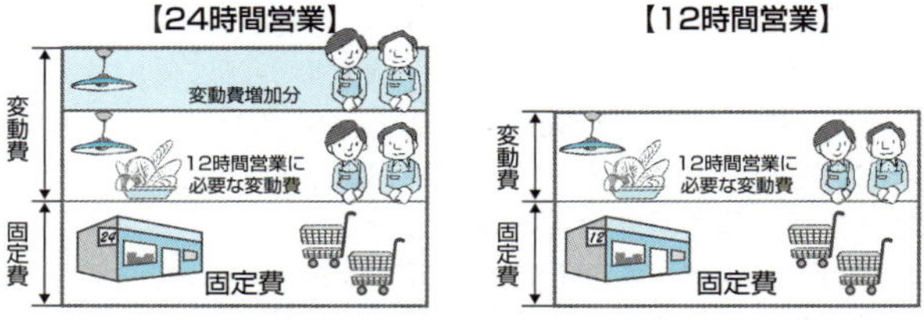

- 長時間営業をしても固定費は増えない
- 変動費増加分を超える粗利（限界利益）を稼げればよい

18 なぜバンドルセールで値引きをするのか？

Question

バンドルセールとは、同一ブランドをまとめて購入すると安くなるサービスです。たとえば、「1個だと350円、3個お好きなのを選んで1000円」とか、まとめ買いをすると安くなるという販売方法です。

では、値引きをして安く販売する最大の理由は？

❶利益額は減っても売上額を増やしたいから
❷粗利率は下がっても利益額は増えるから
❸単に広告効果を高めたいから

Answer

正答は②です。「3個まとめて3割引」「セットで買うと2割引」など、粗利率を下げても、まとめて販売するというバンドルセールが増えています。

これは、買い手にとってはお得感があります。「買うつもりはなかったけど買っておこう」とか、「1つでもよかったけど、ついでだから」など、購買意欲が高まります。

一方売り手は、粗利率を下げても利益額が増えるような値引率を設定すればいいのです。在庫処分をしたいときに、バンドルセールは効果を発揮します。なお、①の「売上額を増やしたい」、③の「広告効果を高めたい」も一理あります。

解説

バンドルセールで儲ける仕組み

　バンドルセールとは、同一ブランド商品をまとめて購入すると安くなるという仕組みです。では、なぜお店は、割引をしてまで、まとめ売りをしたいのでしょうか。

　定価350円、仕入値200円の商品を3個まとめて買う人には、50円値引きして1000円で売ったとします。1個350円で売れたときには、150円の利益が出ます。一方、3個1000円で売れると、400円の利益になります。

　通常だと1個しか買わない顧客も、「安いからまとめ買いをしよう」と思ってくれれば、顧客1人の利益額150円を400円にまで引き上げられます。バンドルセールによって販売数が増えると、商品回転率が高くなります。経営効率指標である交差比率も高くなるのです。

　さて、「5個買うと2割引」と「5個買うと1個オマケ」というバンドルセールでは、どちらが売り手に有利なのでしょうか。「5個買うと1個オマケ」は、1個÷6個＝0.17、つまり割引率は約17%になります。「5個買うと1個オマケ」は、一見2割引のように錯覚しやすいのですが、実際は17%の割引なので、売り手に有利です。

（バンドルセールの例）

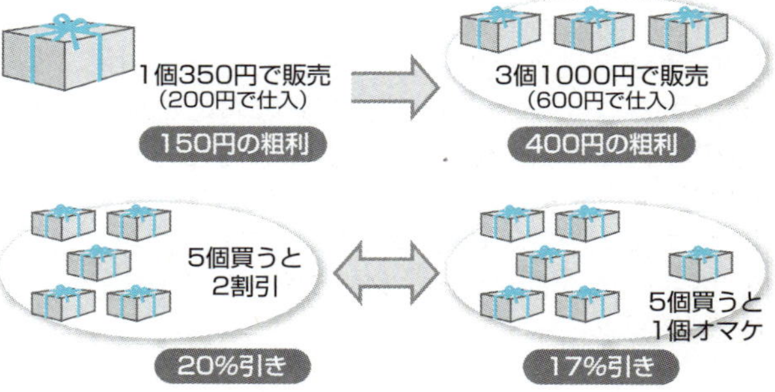

第２章　お店の数字

◆日本で最も坪単価売上が高いお店

お店での重要な経営指標の1つが坪単価売上です。坪単価売上は、月間売上高を店舗の坪数で割ったものです。

セブン-イレブンの1店舗・1日当たりの売上高は約60万円です。月間売上高は1800万円、1店舗当たりの坪数を40坪とします。そこから坪単価売上を計算すると45万円です。なお、スーパーの坪単価は30万円前後といわれています。

では、日本で最も坪単価売上が高いお店はどこでしょうか。ＪＲ構内のキオスク（キヨスク）は、店舗によっては想像を超える坪単価売上があるでしょう。しかし全店舗を平均すると、それを超える坪単価売上をあげているお店が他にあります。

それは、東京ディズニーリゾートにあるおみやげ販売のお店です。正確な売上は公表されていませんが、坪単価売上は約300万円ともいわれています。これは、普通のスーパーの約10倍にあたる額です。

「店舗は立地」といえば、ドラッグストアの「マツモトキヨシ」です。駅から１分以内の場所とか、量販店の近くに出店しています。消費者の利便性を考えても、「家賃が高くても、人が集まるところ」に店舗を構えることは効果的です。東京ディズニーリゾート内のお店についても、まさに「店舗は立地」といえるでしょう。

第3章 マーケティングの数字

One minute

19 誰が新製品の購入を促進しているのか？

Question

日本企業は新製品の開発に熱心です。しかし新製品を発売しても、消費者が買ってくれなければ、わざわざ開発する意味がありません。新製品が売れるのは、ある一部の消費者が存在するからだといわれています。

さて、新製品を最初に買うのは、下記のうちどの人たちでしょうか？

❶自己満足で完結するオタクな顧客
❷知人に自慢する顧客
❸みんなが買っているので自分も買おうとする顧客

Answer

正答は①です。新製品をいち早く購入したがるのは①のオタクな顧客です。たとえば、数年前に液晶テレビやプラズマテレビを、50万円以上する高価格でいち早く購入した人たちが、新製品の販売を牽引しました。

オタクな顧客は、新製品にとびつき、自己満足をします。人に自慢したがるわけではありません。

②の知人に自慢する顧客は、ある程度新製品の存在が認知されてきてから購入する人たちです。新製品に知名度がないと、自慢しても相手は理解できません。③はある程度普及率が高まって、安くなってから行動する人たちです。

解説

オタクが牽引するイノベータ理論

携帯電話を2年に1度の頻度で買い換えをしている人が多いことを考えると、いかに日本人が新製品好きか、わかります。みなさんは、左記の問題で何番のタイプですか。

新製品が出るとすぐに反応して、購買意欲を高める人がいます。これをマーケティングでは、「イノベータ」と呼んでいます。イノベータは、10人に1人でオタクやマニアともいわれ、新製品をいち早く購入することに生き甲斐を見いだします。自己完結型なので、新製品を人に自慢することはありません。自分が満足すればそれでいいのです。

イノベータが、新製品開発を可能にしているといっても過言ではありません。イノベータがいなければ、新製品を出してもなかなか買ってもらえません。

アーリーアダプターは5人に1人、流行好きの人たちです。イノベータの様子を見てから新製品に関心を寄せます。そして購入したことを他人に自慢することを重視します。

その他の人たち、つまりフォロワーは、10人に7人、他人の意見を気にして追随する人たちです。しかし実際には、普及率100%は難しいようです。フォロワーの全員が、製品を買うわけではありません。

（イノベータ理論）

	構成比	タイプ	特　徴
イノベータ	10%	オタク、マニア	● 新製品にすぐ反応する　● 主観的で自己完結型
アーリーアダプター	20%	流行好き	● イノベータの様子を見て反応する　● 他人に自慢できることを重視する
フォロワー	70%	普通の人	● 他人の意見を気にして追随する

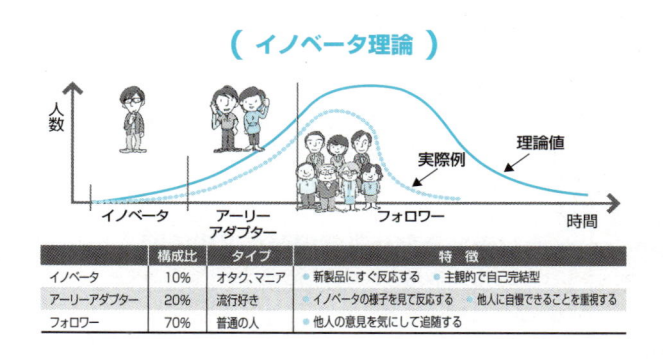

20 業界トップは安泰か？

Question

ある業界では、業界1位のシェア（市場占有率）が25%、業界2位のシェアが20%です。業界1位としては、このままで安泰と考えていいのでしょうか？　それとももっとシェアを積極的に上げる必要があるのでしょうか？

❶業界1位の25%（4分の1）は十分なシェアだ
❷業界2位との差5%はギリギリ安泰なシェアだ
❸業界1位は27%（2%アップ）以上をめざすべきだ

Answer

正答は③です。

ランチェスター戦略にはシェアの法則があります。知名度が上がって勝ちパターンに入るシェア（市場占有率）を、26.1%と定義しています。

26.1%を上回れば勝ちパターンに入れる、下回ればジリ貧の負けパターンに入るシェアです。業界1位といえども、26.1%を上回らなければ、下位との接戦状態から抜け出していないと判断できるのです。

解説

ランチェスター戦略のシェアの法則

ランチェスター戦略の理論に基づいて、クープマンはシェアの法則を導き出しました。

　73.9％は、独占的市場シェアです。このシェアをとれば、短期的に他社に逆転される可能性はほとんどありません。トップ2ブランド（社）合わせて73.9％以上を占めている場合を「二大寡占」、3ブランド（社）の場合を「三大寡占」とよびます。

　41.7％を相対的安定シェアといいます。41.7％のシェアを占めている場合、トップの地位は安定しており、不測の事態に見舞われない限り、逆転されることはありません。トップにこの数字を握られると、下位ブランドや企業はシェアを上げにくくなります。またこのような市場では、特別に有利な条件がない限り、新規に参入しても、成功する確率はきわめて少ないのです。

　26.1％は、市場的影響シェアです。このレベルの数字で1位を占めているブランドや企業は多くあります。しかし、いつ下位に逆転されるか分からない不安定な状態です。26.1％を大きく超えるシェア目標を立てることが必要です。

　10.9％は、市場的認知シェア、つまり、市場においてようやく存在が確認される水準です。6.8％は、市場的存在シェア、つまり、市場において、ようやく存在を許されるシェアです。これ以下のシェアでは、今後よほどの成長が見込まれない限り、市場から撤退する方が賢明です。

（ランチェスター戦略から導いたクープマンの目標値）

シェア	シェアの呼び方	シェアが持つ意味	
73.9%	独占的市場シェア	（上限目標）	短期的にトレンドがひっくり返る可能性はほとんどなし
41.7%	相対的安定シェア	（安全圏）	業界トップであれば、その地位は安定しており、不測の事態に見舞われない限り逆転されない安全な状態
26.1%	市場的影響シェア	（下限目標）	トップであってもいつでも逆転される可能性がある、不安定状態
19.3%	並列的上位シェア	（弱者中の強者）	弱者の中のドングリの背比べから一歩抜け出しつつある
10.9%	市場的認知シェア	（足がかり）	弱者の中で一定地位を確立。強者をめざせるギリギリのライン
6.8%	市場的存在シェア	（弱者の平均）	かろうじて存在を許される状態。利益率が伸びる可能性はまれ
2.8%	――――		生き残れるか、消え去るかの分かれ道にあるレベル

21 どの顧客層をねらうのか？

Question

久道商事では、顧客の20%が大口顧客、80%が小口顧客です。現在、営業体制を見直しており、大口顧客に注力するか、小口顧客に注力するか、選択をせまられています。
さて、どのような営業体制を選択すればいいでしょう？

❶小口顧客を放棄してでも大口顧客に注力
❷大口顧客を放棄してでも小口顧客に注力
❸大口顧客と小口顧客を半々に注力

Answer

正答は①です。「上位の20%が全体の80%を支配する」という、20／80の法則（ニッパチの法則）があります。たとえば、「20%の優良顧客が、80%の利益をもたらしてくれる」とか、「派生率が高い20%の問題を解決すれば、80%の問題が解決できる」というものです。

商売上手になるためには、儲けさせてくれる顧客を見つけて100%リピートをねらうことです。①の小口顧客を放棄してでも大口顧客に注力する方が利益は拡大します。

解説

20／80の法則とロングテール

20／80の法則は、あらゆる分野で見られる現象です。トップの20%をきちんと牛耳れば、大半である80%を牛耳ることができるといいます。

　20／80の法則から導かれたものに、「みこし担ぎの法則」があります。御神輿《おみこし》は、上位20%の人がきちんと支えています。逆に下位20%の人はみんなの足を引っ張っていて、残りの60%は、適度に参加しているというものです。つまり、みこし担ぎの法則は、2：6：2（上位20%、中位60%、下位20%）の法則です。

　自然界でも同じような現象が観察されたようです。働き蟻の集団も、2：6：2（よく働く20%：適度60%：働かない20%）に分かれていました。そして、働き蟻のもっと働く上位20%を取り除くと、今まで適当にやっていた蟻が働くようになったそうです。上位20%を取り除いても、やがて2：6：2になるとのこと。

　多い順に並べ直してグラフにするパレート図を書くと、下位80%は、長い尾のようになります（下図）。これを、ロングテールと呼びます。「Amazon.com」などのインターネット店舗では、年間数個程度しか売れないロングテールの商品でも販売することが容易になりました。

（ 上位の20%が全体の80%を占有する ）

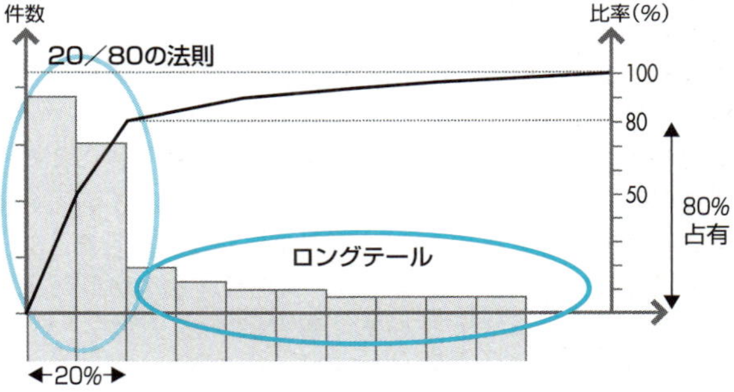

・全体の20%の項目で、全体の80%を占有することが多い
・上位の20%に着目して施策を打てば、高い効果が得られる

22 立花総本店の生き残る道は？

Question

立花総本店という老舗和菓子店のカステラには、中高年の愛好家が多く、抜群のブランド力を持っています。

しかし近年、45歳以下の客層が極めて少ないことがわかってきました。特に若年層にはめっきり弱いようです。

さて、今から何か手を打つべきなのでしょうか？

❶中高年になれば愛好家が増えると思われるので問題ない
❷若年層を意識した新製品の投入を早期に考えるべきだ
❸子どもを意識した新製品の投入を早期に考えるべきだ

Answer

正答は②です。

老舗にとっては、守りと攻めのバランスが重要です。新しいことを一切やらずに伝統を守るだけでは、新規顧客が増えません。一方、和菓子のレシピを若者向けに大きく変更するなど、攻めすぎると既存顧客が逃げてしまいます。

既存製品の味を守りつつ、一方で若者向けに新製品を投入するなど、守りと攻めのバランスをとるべきです。

①の現状維持ではジリ貧です。②の若年層向け新製品が一案でしょう。③の子ども向け新製品でもいいのですが、駄菓子ではないので②の若年層向けがおすすめでしょう。

解説

製品ライフサイクルの法則

製品ライフサイクル（Product life cycle）は、製品が市場に登場してから退場するまでの間を指します。

製品ライフサイクルは、導入期、成長期、成熟期、衰退期の4つの段階で構成されます。通常の製品の売上と利益の推移をグラフにすると、下図のような曲線を描きます。

導入期は製品が市場に導入されて販売が開始されてから、徐々に販売数が伸びてゆく期間です。市場へ製品を導入するのに多額の費用が発生するため、利益はマイナスです。

成長期では、製品が市場で受け入れられ、大幅に利益が得られます。成熟期は、製品が市場の潜在的購入者のすべてに行き渡り、成長期に比べて販売の伸びが減速する期間です。成熟期の長短が、その製品のライフサイクル全体の長さを決める主要な要因となります。衰退期は製品の売上が減少してゆき、利益もそれに伴って減少する期間です。

（ 製品が市場に登場してから退場するまで ）

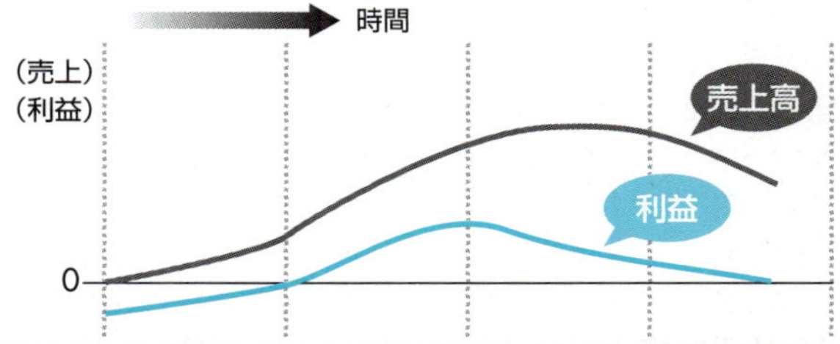

ライフサイクル	導入期	成長期	成熟期	衰退期
売上高	低い	急成長	低成長	低下
利　益	マイナス	ピークに達する	低下	低下
キャッシュフロー	マイナス	プラスへ	プラス	マイナスへ
競合企業	ほとんどなし	増加	多い	減少

23

売れ筋製品をどんどん作るべきか？

Question

村西玩具の発売した新しいおもちゃが大ヒットしました。先月1ヶ月で5万個も販売。しかし生産が間に合わず、受注残を消化しきれておらず、1万個の品不足におちいっています。社長は、生産体制を増強するかどうか悩んでいます。現在の生産能力は、月産4万個です。

さて、どうすればいいでしょうか？

❶製造ラインを新設、月産2万個の増産（月産6万個）
❷別製品の製造ラインを改造、月産1万個の増産
❸一過性のブームを考慮して既存の製造ラインで対応

Answer

正答は③です。今売れているからといって、1ヶ月後も売れているとは限りません。また正確に販売数と在庫数を把握せずに、売れているというウワサを信じ込んでしまうと、作りすぎになることがあります。たとえば、約10年前にブームになったバンダイの「たまごっち」は、作りすぎによる売れない在庫を抱えて150億円近い評価損を出しました。特に嗜好品の場合、ブームが去るのも一瞬です。

売れているからといって、①の製造ラインを新設とか、②の別製品の製造ラインを改造するかどうかは慎重を期すべきです。③の既存の製造ラインで対応し、品薄感を出していた方が、値引きされない売り手市場にできます。

解説

在庫を最小化するサプライチェーンマネジメント

　商品の在庫を最小化しながら、欠品によって販売機会を逃さない仕組みとして、サプライチェーンマネジメント（SCM）があります。SCMは、「販売時点データ」「流通全在庫」「生産計画」を情報システムによって把握し、販売と生産を連動させる仕組みです。

　SCMのねらいは、売れる品揃えの実現、物流在庫まで含めたトータル在庫の削減、キャッシュフロー（現金収支）の改善、市場の需要変動リスクの最小化です。

　商品が売れ残っては、いくら粗利が高くても儲かりません。アパレルショップでも八百屋さんでも、商品の旬は短く、店頭に陳列して売れないと、傷んで価値が下がります。売れる品揃えと適切な在庫量で、商品回転率を上げることが大切です。

　一方、任天堂のゲームには、あえて品薄感を出したのではとウワサになるものがあります。クリスマス時期などに品薄になれば、値引きする店舗が減り、希少価値が上がります。

（ サプライチェーンとは顧客まで商品を届ける企業連鎖 ）

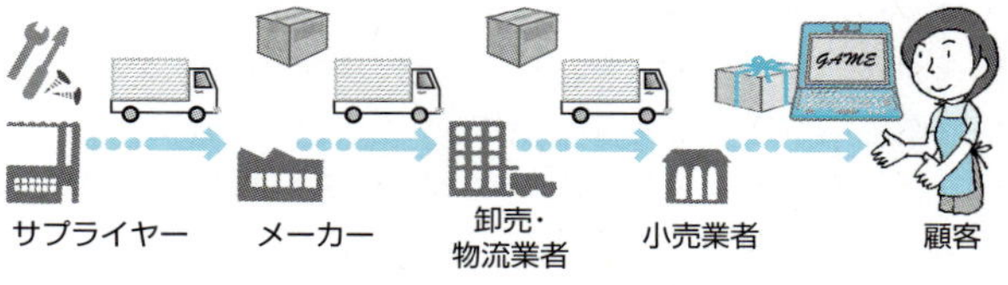

販売時点データ　流通全在庫　生産計画　の連動

(1)売れる品揃えで売上が上がる
(2)物流在庫まで含めたトータル在庫の削減
(3)キャッシュフロー(現金収支)の改善
(4)情報共有により、市場の需要変動リスクを最小化

24 なぜホテルの宿泊代を下げるのか？

Question

「yoyaQ.com」という格安ホテル予約サイトがあります。有名ホテルの部屋を、宿泊予定日の間際に特価で売り出すサービスが人気です。空き室での宿泊をよびかけるので、空き室がなくなった時点で販売終了です。

さて、有名ホテルが価格を下げてまで、宿泊客を募集する最大の理由は？

❶稼働率が下がるとホテルのイメージダウンになるから
❷宿泊費を下げても経費増加分以上で貸せば利益になる
❸宿泊費は赤字だが飲食代で儲かるかもしれないから

Answer

正答は②です。

商品は製品（有形の商品）と、サービス（無形の商品）に分けることができます。製品が売れない場合、その製品は在庫として倉庫にたまります。

サービスが売れない場合、サービスはお金を生み出さないまま消えてなくなります。ホテルが提供するのは、まさにサービスです。空気を泊めてもお金になりません。人を泊めてはじめてお金になります。

①②③のすべてが正解といえます。その中でも一番の理由は、②の経費（変動費）増加分以上で貸せば利益になるので、値下げしてでも売りたいということです。

解説

サービス業の在庫

在庫が増えた製品を安売りすることは、しばしば見られる光景です。しかし、ホテルの宿泊のようなサービスでも、値引き販売をする機会が増えています。

宿泊費を定価のままで販売したとすると、売れ残った部屋から得られる利益はゼロです。しかし格安でも販売すれば、利益を得ることができます。

たとえば、定価1万円を50%引きにして5000円で売ったとします。変動費（掃除やメンテナンスの費用）が2000円だとすれば、3000円の粗利が得られます。

宿泊客が増えても、固定費が増えるわけではないので、変動費の増加分を回収できれば、値引きしても売った方が得なのです。また、ルームサービスやレストランなどを利用してくれればしめたものです。

サービスは在庫を持てません。サービスの価値は時間とともに消えていきます。空気を泊めても、人を泊めなければお金になりません。格安航空券が売られているのも、同じ理由です。空気を運んでも、お金にならないからです。

（ 値引きしてでも売りたいホテルの客室 ）

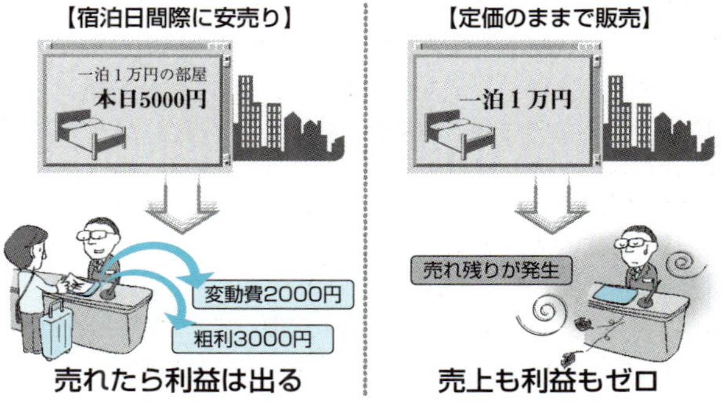

25 高いのを買うか？安いのを買うか？

Question

香取くんはノートパソコンを買いに、家電量販店に行きました。15万円と18万円の2機種のパソコン、どちらを買おうか悩んでいます。機能や重量はどちらも同じ程度です。
なぜ香取くんは悩んでいるのでしょうか？

❶高い方は、大好きなメーカーの製品だから
❷お金に少しゆとりがあるから
❸販売員が高い方を理屈抜きに勧めているから

Answer

正答は①です。高くても買いたいと思えるかどうかで、ブランド価値を測ることができます。同じ機能、同じ重量ならば、安い方がいいはずです。しかし、好きなメーカー、好きなデザインの製品であれば、少々高くても買いたいと思う人は多いのです。

①の大好きなメーカーの製品だから悩んだのです。②のお金にゆとりがあっても高いものを買う必要はありません。③の販売員が強く勧める理由に魅力を感じれば悩むでしょうが、根拠がなければそれほど悩まないでしょう。

解説

ブランド力を高めるには

ブランド（brand）とは、商品やサービスを、他社の商品やサービスと区別するためのものです。ブランドを顧客に認識させるために、多くの場合、文字や図形で表現した商標を使います。

グッチ、ルイ・ヴィトン、シャネルなど、高級ブランドは女性に大人気です。近年は、米国のブランドであるコーチの人気が高いようです。アウトレットや海外の免税店では、コーチの店のレジに行列ができている光景をよく見かけます。

ブランド力を高める目的は、高くても買いたいと顧客に思わせることです。バッグが10万円しても当たり前、100万円でも買いたいとなれば、相当なブランド力といえます。

ブランド力を高めるには、最初に思い浮かぶ（Top of Mind）存在になることが大切です。最初に思い浮かぶ会社になることで、顧客に高くても買いたいと思わせるのです。

ブランド力がない会社の商品は、値引き競争に巻き込まれます。値引きしてもまだ高いと思われるのではなく、高くても買えて嬉しいと思ってくれる顧客を増やすことが必要です。ソニーやパナソニックは、ブランド力が高い会社ですが、家電の場合は、値引き競争に巻き込まれない戦略がブランド戦略といえます。

（ 顧客にとって魅力がある企業をめざす ）

Top of Mind(最初に思い浮かぶ会社になれ)

26

画期的な新製品がなぜ売れないの？

Question

小室機械は画期的な家庭用浄水器を開発しました。不純物の処理能力が他社の2倍で、カートリッジも、他社の2倍も長期間使えるという製品です。なお、小室機械は今まで浄水器を販売しておらず、同社にとっては画期的な新規事業です。しかし、この浄水器は全く売れませんでした。

何がまずかったのでしょうか？

❶消費者向けの販売ルートを持っていなかった
❷すでに浄水器を販売している会社から営業妨害があった
❸浄水器の市場自体が小さすぎて売れなかった

Answer

正答は①です。

マーケティング要素の1つである販売ルートがなければ、すぐれた製品を製造しても売れません。たとえば、消費者への販売ルートを持っていない部品メーカーが、消費者に販売する製品を作ったとしても小売店は相手にしてくれません。

①の販売ルートは、マーケティング4要素の1つです。②の営業妨害の多くは法律で禁じられています。③のように家庭用浄水器の市場規模が小さすぎるとまではいえないでしょう。

解説

通販の役割とマーケティング

マーケティング（marketing）は、「売れる仕組み作り」です。顧客が求める商品やサービスを提供し、売れるための仕組みを構築します。顧客に情報を提供し、かつ顧客の声を聞くことで、顧客が商品を買いたくなるようにする活動です。

マーケティングに対する言葉として、セリング（販売）があります。セリングは「売り込む手段」です。営業力を強化するなど、すでに決められた製品をいかに販売するかがセリングの考え方です。

マーケティングは、まずターゲット顧客（市場）を明確にします。そして、製品（Product）、価格（Price）、販売チャネル（Place）、販売促進（Promotion）、つまり4Pを上手く組み合わせて、売れる仕組みを作ります。4Pのどれ1つが足りなくても、売れる仕組みは作れません。

通信販売の会社は、特に販売チャネルと販売促進に優れています。中小メーカーの弱みである販売チャネルと販売促進を、通信販売会社は強みにします。そして、メーカーから安く製品を仕入れて、割安感がある価格で販売します。売れる仕組み作りには4Pが不可欠です。

（販売チャネルと販売促進が通販の強み）

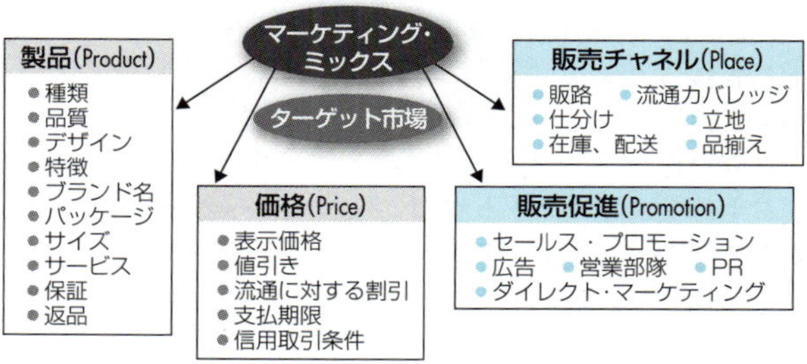

第3章　マーケティングの数字

◆名プロデューサ、名コンサルタントの独立

サラリーマンは、人生のうち、かなりの時間を会社に費やします。会社での居心地はとても大切です。しかし、会社を辞めたいと思っている人も意外に多いかもしれません。

しかし、転職をしても必ずハッピーになるとはいえません。まず今まで慣れ親しんだ企業風土を捨てることになります。転職先での悩みの多くは、「企業風土になじめない」というものです。

「では独立したら？」と考える人もいるでしょう。しかし、かなり有能な人が独立しても、開店休業になることがあります。なぜか？

マーケティングの4Pで考えればいとも簡単です。製品（Product）は、本人の能力です。しかし、広告代理店のブランド力がなくなるので、製品価値は何十分の1かになります。

そして決定的なのは、チャネル（Place）を失うことです。広告代理店の営業チャネル、営業網があってこそ、仕事が受注できていたのです。

独立すると、名プロデューサも、ただの失業者に等しい状態から営業開始です。同様に、名コンサルタントといえども、独立すると苦戦が待っています。「今の会社にしがみつく」ことが一番です。キャリアをゼロリセットする転職に、甘い夢を描かない方が賢明です。組織は気がつかないところで、みなさんを守ってくれているのです。

第4章 モノ作りの数字

27 製造原価をどうやって計算するのか？

Question

村北電機では、扇風機の製造費として、材料費、人件費などの組み立て経費を合計して5000円と算出しました。そこで問屋に6000円の卸値で販売しましたが、大きな赤字が出てしまいました。

さて、何が問題だったのでしょうか？

❶1000円の粗利では安すぎた
❷工場経費を過小に評価して算出していた
❸製造費に本社の管理経費が加算されていなかった

Answer

正答は③です。

製造原価を大きく分けると、直接費と間接費に分けることができます。直接費は、製造に必要な材料費や人件費などの組み立て経費です。間接費は、本社や工場管理部門などにかかる経費です。

この問題では、直接費が5000円と算出したわけですが、間接費が製造原価に含まれていません。製品1台当たりの間接費が1000円以上であれば、製造原価を回収できない価格、つまり赤字となる価格で販売していたことになるのです。

解説

直接費と間接費

コストの分類にはいくつかの方法がありますが、固定費・変動費と似て非なる概念に直接費・間接費というのがあります。直接費と間接費という分類は、事業や製品ごとの業績や原価・損益を把握する際に用いられます。

直接費とは、特定の製品や事業に直接結びつく費用のことです。特定の製品原価に直接結びつくのは、工場で発生する費用の中でも材料費や生産ラインの人件費などです。

間接費とは、コストの発生が事業や製品と直接結びつかない費用のことをいいます。特定の事業部に属さない本社の管理部門や研究部門の費用などです。間接費は、事業や製品ごとに配賦されます。配賦とは、費用を按分して振り分け、負担させることを言います。

たとえば、A製品を作るためにかかった直接費が700円、配賦された間接費が300円だとします。A製品を作るためには1000円の費用がかかったことになります。このとき、A製品は1000円以上で販売しなければ利益が出ません。

（物作りの原価管理に必要な直接費と間接費）

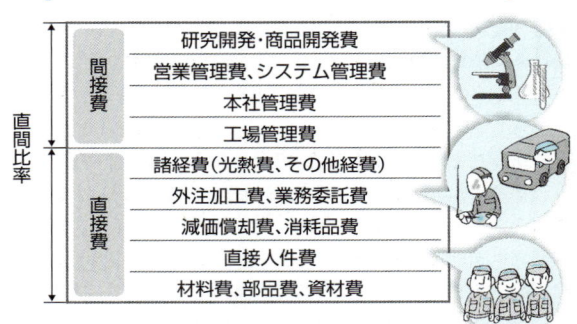

直間比率	区分	費目
	間接費	研究開発・商品開発費
	間接費	営業管理費、システム管理費
	間接費	本社管理費
	間接費	工場管理費
	直接費	諸経費（光熱費、その他経費）
	直接費	外注加工費、業務委託費
	直接費	減価償却費、消耗品費
	直接費	直接人件費
	直接費	材料費、部品費、資材費

直間比率＝直接費：間接費

※一般的な直間比率＝3：1、目標とする直間比率＝4：1

28 減価償却には どんなメリットがある？

Question

減価償却は、高額でかつ長期間にわたって使用される固定資産の取得に要した支出を、その資産が使用できる期間にわたって配分する手続きです。

たとえば、100万円の設備を購入した場合、購入した年に100万円すべてを計上するのではなく、100万円を何年間かに配分し、経費として算入します。

では、減価償却のルールを導入したそもそものねらいはなんでしょうか？

❶翌年以降の減価償却費分が投資余力にできるため
❷税務処理を複雑化すると経理部の雇用が創出できる
❸節税対策のための高額商品を購入させないため

Answer

正答は①です。

高額な設備を導入したとき、その年の決算ですべての費用を計上すると、高額設備が買いにくくなります。なぜなら、経費増により企業の利益を大きく減らしてしまうからです。

何年も使える設備を購入した場合、実際の貢献度を加味しても、何年間かに分けて費用負担をした方が現実的です。そこで、減価償却で費用配分します。

2年目以降の減価償却は、実際に出費していない金額を費用として算入できます。出費していない費用扱いの金額なので、その金額を①の投資余力にすることができます。②の税務処理の複雑化、③の高額商品を購入させないというのは本来のねらいではありません。

解説

減価償却費で何年間かにわたって費用配分

設備を何年間かにわたって使用する場合、設備の取得に要した費用を各年に配分する必要があります。「費用収益対応の原則」により、収益を獲得するために貢献した資産については、利用した期間にわたって費用配分をするのが企業会計上、望ましいのです。

減価償却費を計算する方法としては、定額法、定率法、級数法、生産高比例法の4つがあります。その中でよく使われている方法が、定額法と定率法です。定額法は、固定資産の耐用期間中、毎期均等額の減価償却費を計上する方法です。定率法は、固定資産の耐用期間中、毎期期首未償却残高に一定率を乗じた減価償却費を計上する方法です（下記）。

（ 減価償却における定額法と定率法 ）

定額法

減価償却費＝（取得原価－残存価格）×（1／耐用年数）

（例）取得価格500万円の設備の耐用年数が5年で残存価格が10％の場合
減価償却費（1～5年目）＝（500万円－50万円）×（1／5）＝90万円
※残存価格は取得原価の10％が一般的

定率法

減価償却費＝（取得原価－減価償却費の累計）×償却率

（例）取得価格500万円の設備の毎年の減価償却費
（耐用年数が5年で残存価格が10％になるように償却率は0.369に設定）

減価償却費（1年目）＝（500万円－0）×0.369＝184.5万円
減価償却費（2年目）＝（500万円－184.5万円）×0.369＝116.42万円
減価償却費（3年目）＝（500万円－300.92万円）×0.369＝73.46万円
減価償却費（4年目）＝（500万円－374.38万円）×0.369＝46.35万円
減価償却費（5年目）＝（500万円－420.73万円）×0.369＝29.25万円

29 身軽な経営を実現するには？

Question

パソコンでおなじみのデルは、メーカーとして画期的な方法を実現しました。それは、注文を受けてから製品を生産するという方式です。この方式により、デルは下記のうち何を可能にしたのでしょうか？

❶製品開発をしなくてもよくなった（開発レス）
❷製品在庫を持たなくてもよくなった（在庫レス）
❸受注システムと連動した自動組立工場の実現（人員レス）

Answer

正答は②です。デルは、インターネット経由で注文を受けてから生産するという方式を確立しました。これを、BTO（ビルド・トゥ・オーダー）といいます。部品はわずかに在庫しますが、注文を受けてから組み立てて製品にします。売れ残りの製品を持たなくて済むのです。部品の状態で持っていれば、多様な製品を組み立てることができます。

受注を受けてから生産するBTOは、そば屋に似ています。材料であるそば玉、トッピングである天ぷらや卵を材料の状態で在庫します。顧客が注文してから、天ぷらそばや月見そばを作れば、できたてのそばを提供できます。

解説

在庫を持たないビジネスモデル

デルはインターネットを使った受注で、画期的な生産方式を確立しました。直販により、注文を受けてから生産することで、3つのレス（ない）を確立しました。

1つめが例題にあった在庫レスです。製品在庫はゼロ、部品在庫はわずか2時間分しかないといわれています。

2つめは、マージンレスです。メーカー直販のため、量販店などの販売店が得るマージン（利ざや）が発生することはありません。顧客への販売価格が売上に直結し、高い粗利を得ることができます。

3つめは、工場レスです。本書18ページのように、生産を一括でアウトソーシング（外部委託）することで、工場を持たないビジネスモデルを確立しました。

デルが顧客にとって便利なのは、製品仕様を自由に決められる点です。CPU（中央演算装置）の種類、ハードディスクの容量、組み込むソフトウェアなど、製品仕様を自由に選べます。一方、デルにとっては部品の状態で在庫しているので、注文に合わせた製品の組み立てが極めて容易なのです。また、売れ残りの製品もゼロにできます。さらに、部品在庫を極端に減らすことで、究極の低固定費のビジネスモデルを構築しています。

在庫を持たないデルのアウトソーシング

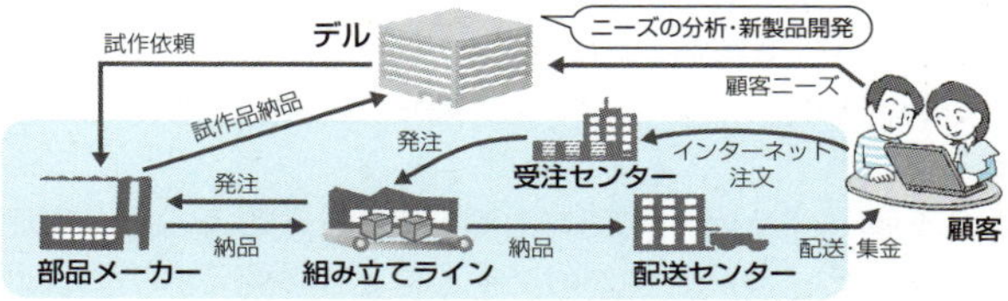

在庫レス：製品の注文を受けてから生産を開始
マージンレス：販売店に支払うマージン不要（直販）
工場レス：工場を持たないで組み立てはアウトソーシング

30

なぜわざわざ現地生産をするのか?

Question

近年、グローバル化の進展とともに、「現地生産・現地販売」が進められています。海外で製品を作り、その国でその製品を売るという方式です。

人件費が安い国で生産するというのはわかるのですが、なぜ販売地域と生産地域が一致するケースが増えているのでしょうか?

❶現地での雇用創出と知名度向上で販売力が高まるから
❷たまたま販売したい地域で生産もできたから
❸現地生産・現地販売は世界的ブームになっているから

Answer

正答は①です。

雇用創出は、各国の重要課題となっています。現地生産・現地販売であれば、消費国の雇用促進となるため、国が積極的に企業を受け入れてくれます。

一方、単に製品を他国に売り込もうとすると、高い関税がかけられたり、販売ルートの開拓に時間がかかったりします。

①の雇用創出と知名度向上で販売力を高めることができます。②のように、偶然の結果ではなく戦略によるものです。③のブームで判断するわけではありません。

解説

現地生産のメリット・デメリット

中国は、単に「世界の工場」というだけでなく、「世界の市場」として発展しています。このため、現地生産・現地販売のメリットも増しています。

現地生産・現地販売をすれば、その国での知名度が上がり、販売チャネル開拓にも有利になります。現地国の雇用を促進するため、政治的に歓迎される可能性もあります。

日本の現地生産・現地販売は、1990年代前半の米国での自動車産業に端を発します。米国政府の要請により、日本の自動車メーカーは､競って米国に工場を建設しました。米国での雇用促進とともに、販売網の拡大が進みました。

一方、同じころに、中国政府からも日本の自動車産業に現地生産・現地販売の要請がありました。当時は中国の要請を断ったため、ドイツ最大手の自動車メーカーのフォルクスワーゲンが中国に進出し、現在では中国市場を席巻しています。

（2009年現在、日本の自動車メーカーの工場は世界各地に）

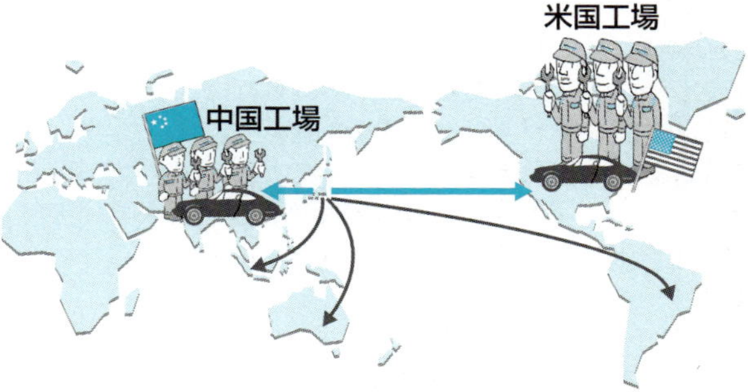

消費国で生産することで雇用を促進し、知名度をアップさせて販売力を強化

31 世界中から安い部品を調達できる理由は？

Question

自動車業界、コンピュータ業界などでグローバルソーシング（世界最適調達）が主流になっています。世界中から、最も安い部品を調達（仕入・購買）するという手法です。

では、グローバルソーシングが可能になった最大の理由は何でしょうか？

❶不況により安売りをする部品メーカーが増えてきた
❷インターネットで部品メーカーが参加しやすくなった
❸デファクトスタンダード（事実上の標準）の広がり

Answer

正答は②です。インターネットの普及により、パソコンから簡単に世界中の部品メーカーにコンタクトできるようになりました。そのため、メーカー各社は、世界中から安い部品を集めるシステムの構築を進めてきました。

①と③も無関係ではありませんが、②のインターネットで部品メーカーが参加しやすくなったことが大きいです。自動車メーカー、IBMなどで導入されています。

解説

グローバルソーシングのいろいろ

グローバルソーシングは、部品や材料の調達だけにとどまりません。情報システム開発など、オフショア（海外）

でのアウトソーシングも進められています。

グローバルソーシングの目的は、コストダウンです。たとえば、ある企業は、世界レベルの資材調達システムを運用しています。このシステムを使って、世界で最も安い会社から資材を購入します。過去の取引データも容易に検索できるので、過去に調達した資材の価格がわかります。次回以降はそれ以上高い価格では購入しないという徹底ぶりです。

またいくつかの自動車メーカーでは、共同のグローバルソーシングのシステムを運用しています。なお、トヨタ自動車は、WARP（ワープ）という独自の電子調達ネットワークを運用しています。

システム開発もまさにグローバルソーシングの時代です。インドには優秀なプログラマが多いといわれています。国内だけでなく、世界レベルでの調達を考える時代になりました。

(トヨタ自動車の部品の世界調達システムWARP)

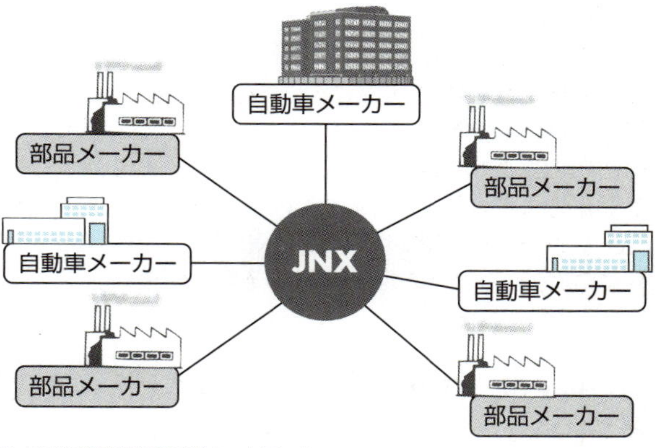

※ＪＮＸ：自動車業界標準ネットワーク
※WARP：Worldwide Automotive Real-time Purchasing System

32 生産性向上がなぜ重要なのか？

Question

かつての日本の製造業の強さは、高い生産性にありました。だからこそ、組み立て人件費を低減し、安い生産コストを達成できたのです。その結果、「世界の工場」の地位を維持してきました。しかし近年では、日本の高い生産性をもってしてもアジア諸国の安い人件費に太刀打ちできなくなっています。

さて、なぜ生産性が向上すると、国際競争力が強まると言われる最大の根拠は？

❶一定の時間で多くの製品を組み立てできるから
❷材料の仕入単価を下げられるから
❸設備の購入価格を下げられるから

Answer

正答は①です。生産性向上は永遠のテーマといっても過言ではありません。安く作れば利益を捻出できます。

①の一定の時間で多くの製品を組み立てできれば、少なくとも1台当たりの固定費分のコストは低減できます。②の材料の仕入単価低減、③の設備の購入価格低減は、生産性向上のための取り組みの一種ですが、むしろコスト低減とよばれます。

解説

生産性を決める要素

生産性を決める要素は、高能率設備の導入、稼働率の向上、省エネなどです。また品質不良低減、材料ロス低減、検査時間低減など、生産性を決める要素は多くあります。

日本が世界の工場として機能していたころ、日本は生産性の高さで群を抜いていました。しかし社会主義が事実上崩壊し、中国やロシアが自由主義経済圏に参入してから、世界の工場というポジションは中国に奪われています。

生産性を決める他の要素に、人件費があります。中国工場の作業員の月給が1万円、といった人件費の安さは、圧倒的な生産性の決め手となりました。

現在の中国の為替レートは、ドル連動型になっています。中国が変動相場制の為替レートになると、中国の通貨（元）が高くなり、今よりも人件費や物価が高くなるかもしれません。中国が通貨高になれば、中国以外の人件費が安い国が、世界の工場になるかもしれません。

生産性向上は、永遠のテーマです。1円でも安く作れば利益になります。また安く生産できれば、低価格で販売数を伸ばすことも可能です。日本の高い人件費にめげず、生産性向上を続ける会社が、負けない会社ではないでしょうか。

(生産性を高める要素)

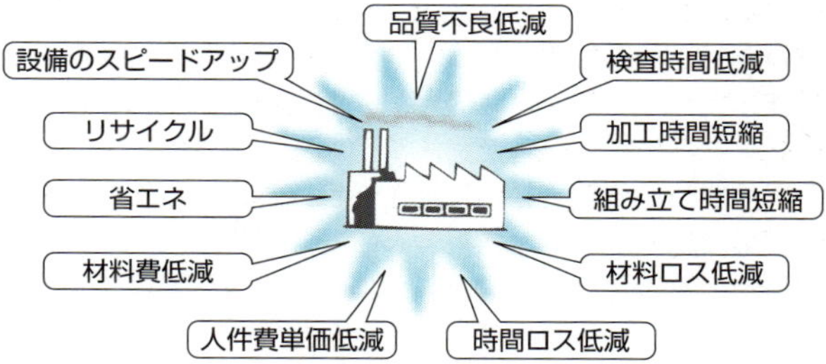

33 日本の高い生産性を支えてきたのは？

Question

家電製品のように組み立てに多くの労力が必要なメーカーでは、生産性を高めるために、作業時間の短縮に取り組んできました。

さて、作業時間を短縮するために、日本の製造業が行っている方法は、下記のうちどれでしょうか？

❶成功報酬制度を導入してやる気を喚起する
❷模範となる作業時間を決めて全員で守る
❸個人の能力に合わせて自由に作業してもらう

Answer

正答は②です。日本の生産性は、標準作業と標準時間を設定することで向上してきました。最も効率的な作業方法を1つ決めて、標準作業とします。次に、標準作業に必要な時間を設定して、標準時間とします。

標準時間は､最も効率的に作業を行ったときの時間です。作業スピードには個人差があります。標準時間を目標にして作業することで、作業の遅れを測定し、もっと作業スピードを上げられないかを考えます。

①の成功報酬制度だけでは生産性に個人差が出ます。②の作業時間を決めて全員で守るのが一般的です。③のように自由にすると作業の遅い人が放置されて、生産性が低下します。

解説

標準時間と標準作業

生産性向上を支えてきた手法の1つに、標準時間の設定と運用があります。標準時間を設定するためには、まず最も効率がいいと思われる標準作業を決めます。標準作業が決まれば、標準時間が決まります。

なぜ作業が決まれば時間が決められるのでしょうか。工場では、「どの作業に何秒かかるか」という単位時間がわかっています。たとえば、「10cmの距離の部品を手に取るのに0.4秒」というような時間です。標準作業が決まれば、単位時間を合計して、標準時間を算出します。

ホワイトカラーの仕事にも、標準時間の考え方を適用できます。自分なりにどの仕事にどれくらいの時間がかかるか、単位時間を想定しておくとよいでしょう。

たとえば、1枚の伝票入力に1分かかるとか、事前準備と片づけに10分かかるなど、自分なりの単位時間を持つのです。また、報告書を1枚作るのに30分かかるとか、企画書の目次を考えるのに2時間かかるとかいった時間も意識します。単位時間の設定が難しいと思う人は、この仕事を何時間で片づけようという目標を設定すると効果的です。

(標準時間を持てば、タイムマネジメントの達人になれる)

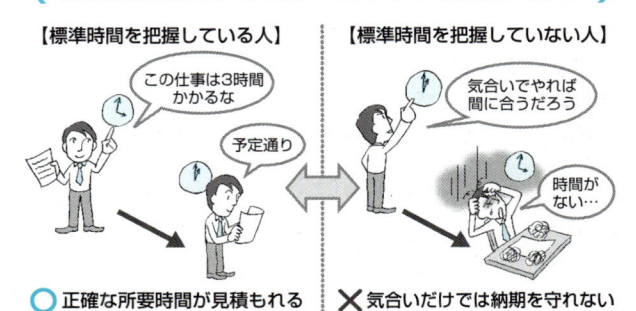

【標準時間を把握している人】　【標準時間を把握していない人】

この仕事は3時間かかるな
予定通り
気合いでやれば間に合うだろう
時間がない…

○ 正確な所要時間が見積もれる　✕ 気合いだけでは納期を守れない

34 どの品質管理体制が優れているか？

Question

不良品を市場に流してしまっては、会社の信用が落ちます。そのため、品質管理体制の確立は極めて重要です。

では、次のうち最もしっかりしている品質管理体制はどれでしょうか？

いずれにしても、出荷段階での抜き取り検査は実施しているものとします。

❶組み立てた製品を全数検査して不良製品を排除する
❷部品の受け入れ時に全数検査をして不良部品を排除する
❸工程内で不良が発生したらすぐ原因究明して対策を打つ

Answer

正答は③です。高度な品質保証の考え方として、源流管理があります。源流管理とは、問題が発生した源流がどこかを把握して、その原因を除去するという考え方です。

初級段階の品質管理は、できあがった製品から、検査で不良品を発見する方法です。①と②は全数検査で不良品を排除する初級段階の品質管理です。③は原因を究明して対策を打つ源流管理の考え方です。

解説

対症療法と根本対策

問題を解決するにあたっては、対症療法と根本対策の大きく分けて2通りの手だてがあります。対症療法はあくまで応急処置です。一方、根本対策は、問題の発生原因を除去して、再発防止をめざす対策です。根本対策をしなければ、本質的な問題の解決とはなりません。

全数検査をして不良品を排除するのは、あくまで対症療法です。不良品を排除したからといって、今後、不良品が発生しなくなるわけではありません。

一方、不良品発生の原因を見つけて、発生原因を除去すれば、不良の再発を防ぐことができます。たとえば、プラスチック部品が変形していて、部品を整形している金型に原因があった場合、金型を修理しないと、同じような変形部品を大量に製作してしまいます。製作済みの不良品を排除しても、不良品の発生頻度は減りません。

トヨタ自動車では、徹底した品質管理のために、問題発生の大元を見つけて対策を打つ「源流管理」に力を入れています。源流管理により、根本対策を行うのです。

発生箇所と発生原因を素早く見つけるために、トヨタ自動車では「自主点検」「順次点検」も行っています（下表）。また1つでも不良品を見逃さないために、「全数検査」を行い、品質保証を徹底しています。

（源流管理は高度な品質管理）

トヨタ自動車の徹底した品質追求

品質管理方針	品質管理の方法
源流管理	製品の品質を左右する加工条件そのものを管理する方法。その異常を検知したら、製品の不良が発生する前に処理を行う
自主点検	加工工程のなかに検査機能を内蔵させておき、不良が発生しそうになったら警報を発して、未然に防止する
順次点検	自分の加工工程で前工程の不良を発見したら、すぐに異常を前工程に報告する。前工程は不良品を作ったことに気づき、連続した不良の発生を防ぐことができる
全数検査	抜き取り検査では、不良品が後工程に流れてしまう危険がある。そのため、すべてを検査して品質を保証するという方法

35 新製品発表のベストタイミングは？

Question

新製品の発売は、消費者の需要を喚起する有効な手段です。新製品発売を発表するタイミングは非常に大切です。このタイミングで、売上が大きく影響を受けることになります。

では、既存製品があるカテゴリーの新製品なら、発売発表のタイミングは、下記のどれがいいでしょう？

❶3ヶ月以上前に新製品発売の予告をする
❷新製品発売の発表は直前まで伏せておく
❸新製品発売後、旧製品の在庫がなくなるころに広告

Answer

正答は②です。

新製品の販売をすると旧製品が売れなくなる、しかし新製品を販売しないと他社製品に売上が奪われる恐れがあります。

新製品の発売が公表されると、消費者は新製品が出るまで買い控えをするようになります。そこで、あまり早く発表しすぎても、既存製品の値崩れが加速します。

①の3ヶ月以上前は早すぎます。ただし既存製品と無関係の新製品であれば、早めの告知がいいでしょう。②の発表は直前まで伏せるのがおすすめです。③の新製品発売後の広告では遅すぎます。

解説

新製品開発のジレンマ

新製品を発売すると、旧製品が売れなくなります。しかし、新製品を発売し続けないと、旧製品の販売価格を下げても売れなくなります。競合他社が新製品を投入し続けるためにシェアを奪われてしまいます。新製品を発売し続けるのは、メーカーの宿命といわざるをえません。

近年では、メーカーは新製品の発売後、しばらくすると生産を打ち切ります。そして次の新製品の生産に取りかかります。たとえば、新製品として液晶テレビを10万台生産したら生産を打ち切り、次の新製品の生産に着手します。

デジタル家電やパソコンなどの電子機器では、半導体の値下がりが激しく、売価の下落を抑えることはできません。そのため、新製品を出し続けることで、高機能化・高品質化をめざし、必死に価格の下落を抑えるのです。

新製品を開発し続けるためには、莫大な額の投資が必要です。また、部品点数も膨大です。液晶テレビだけでも、メーカーは数万点以上の部品を保有しています。なお、部品点数の増加を抑制するため、メーカーは設計段階から共通部品を使用することに注力しています。

時間とともに製品価値が下落する

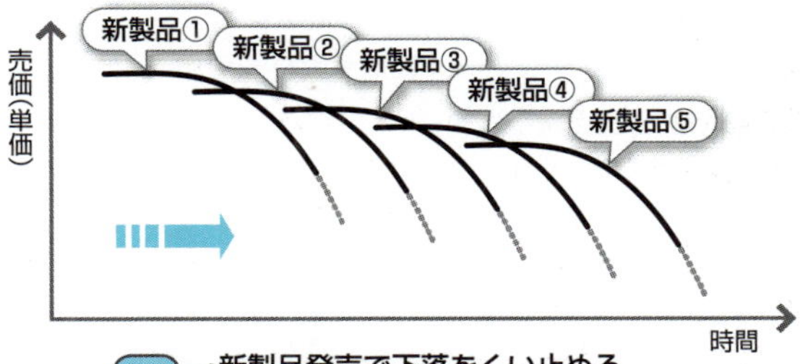

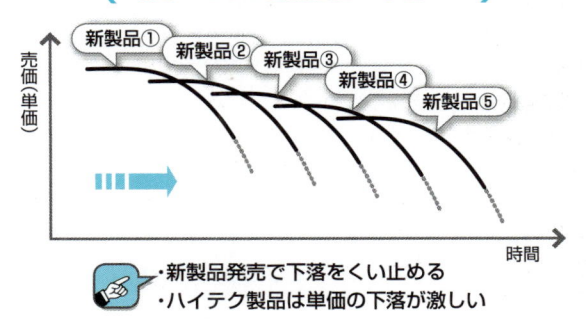

・新製品発売で下落をくい止める
・ハイテク製品は単価の下落が激しい

第4章　モノ作りの数字

◆世界の工場、中国の就職率

世界の工場といえば、いまや中国といっても過言ではありません。日本のオハコ（得意分野）を奪われた感があります。

中国の人口は約13億（推定値）、日本の人口の約10倍です。日本の大学の年間入学者数は約70万人です。さて、中国の大学の年間入学者数は何人でしょうか？

答えは、約650万人です。中国では10年間で大学の数が急増し、入学者数は約10倍になりました。

サブプライムローンを発端とした世界同時経済不況で、中国でも大学卒の就職率が急に低下しました。2008年と2009年の大学卒の就職枠は各250万人程度です。2年連続で、約400万人が大卒待遇の就職ができなかったようです。

そこで、中国の大学卒の女性は、「征婚」（結婚活動）に熱心だそうです。日本も不況で「婚活」がブームです。好況のときは、自立をめざすキャリアウーマンが増えます。しかし不況になると、婚活する女性が増えます。

何が王道かといえば、経済の好況不況にかかわらず、安定した家庭を持つことでしょうか。年功序列だった時代が懐かしく思われます。一方、収入が安定しない今日、結婚しても子供を産む元気が出ないでしょう。日本では、今後も少子化が進む一方かもしれません。

第5章 時間とお金の数字

36 どっちの価値が高い？（過去－現在－未来）

Question

今もらう1万円と、3年後にもらう1万円では、どちらの方の価値が高いでしょうか？

❶今もらう1万円
❷3年後にもらう1万円
❸どちらも同じ

Answer

正答は①です。将来の口約束より、今もらえる現金の方が嬉しいというだけでなく、お金には時間的価値があります。今もらう1万円と3年後にもらう1万円では価値が異なります。

今1万円をもらって預金しておくと金利がもらえます。同じ金額なら、早くもらった方が価値は高くなります。①の今1万円をもらっておく方が得策です。

解説

お金の時間的価値

お金には時間的価値があります。今10万円をもらうか、1年後に10万円をもらうかといわれれば、今10万円をもらいたいと考えるでしょう。

資金繰りに困っている会社は、手形（満期日を設定してお金を支払う約束をした有価証券）を早期に現金化したいと考えます。そこで手形割引により、満期前の手形を第三者へ譲渡し、利息や手数料を減額された金額で現金化します。利息や手数料を減額されても、早く現金が欲しいというのは、お金に時間的価値があるからです。

また金利を考えても、お金に時間的価値があることがわかります。金利を払ってでもお金を借りたいと考える人がいるからです。一方、お金を持っている人は、今お金を使うのをガマンして、貯金をして金利を得ようとします。

金利が3%とすると、現在の100円は、1年後には103円、2年後には106.1円、3年後には109.3円になります。逆に、過去にさかのぼると、1年ごとに3%を減算した金額が同じ価値だと考えられます（下図）。

デフレ経済といわれる今日では、現金の調達力が企業の力量を測る指標となっています。土地などの資産を持っていると価値が下がりますが、現金は預金すれば価値が上がります。また、経営存続のために現金を欲しがる企業が多く、商品を安く買いたたくためにも現金が効果的です。

(過去のお金の価値は高い)

(例)金利が3%の場合

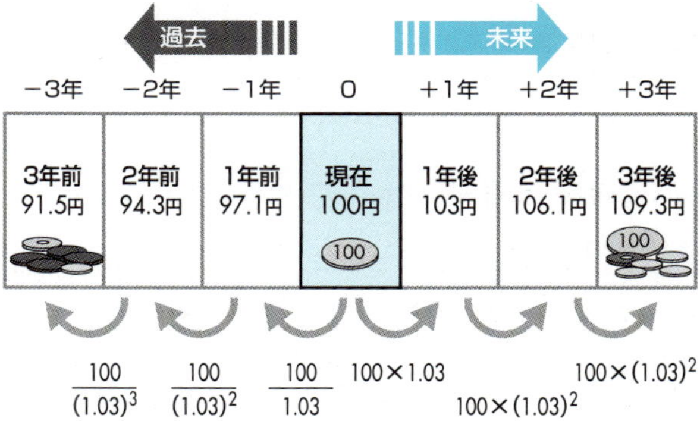

37 この利用料、支払うべき？

Question

経理部の社員は、毎朝1時間30分、銀行に行って支払手続きを行っています。ある日、その銀行からインターネットバンキングのサービスを利用しないかという話がありました。1ヶ月2万円の利用料を払えば、銀行に行かなくても支払手続きが簡単にできるというのです。

利用料は発生するのですが、銀行での待ち時間が不要になり、1日30分もあれば十分処理できるといいます。

では、あなたが社長ならどうしますか？

❶毎月2万円の利用料はもったいないので断る
❷毎月2万円の利用料を払って利用する
❸インターネットバンキングは不安だから断る

Answer

正答は②です。

社員の時間には、給与などの人件費が発生しています。手続きにかかっていた毎朝の1時間30分が30分になり、1時間短縮できるなら、その分の人件費を削減できることになります。

時給を3000円とすると1日3000円、1ヶ月で約6万円です。毎月2万円の利用料で毎朝1時間短縮できるのであれば、4万円はコストダウンできると判断できます。

解説

時間とコストで測るコストパフォーマンス

時間にはコストがかかっています。1分間にかかっている社員の人件費はいくらくらいでしょうか。年収600万円の人で約100円です。

1日8時間（480分）、年間250日働くとすると、年間12万分働くことになります。年収600万円を12万分で割ると、1分間当たり50円です。しかし、オフィス維持費など、社員を維持するためのさまざまな経費が年収と同じくらいかかります。そのため、1分間約100円かかっているのです。いかに会社の経営にはコストがかかるかが想像できます。「タイム・イズ・マネー（時は金なり）」というように、時間にはコストが発生します。1分間100円を超える利益を上げなければ、企業経営は成り立ちません。

仕事をしていない社員にも給与は発生します。そこで、仕事の増減に合わせて、派遣社員を活用する企業が増えてきました。その一方で、派遣社員の雇用の安定性が確保されないため、不当解雇などの社会問題が顕在化しています。

（ 1分100円の人件費がかかっている ）

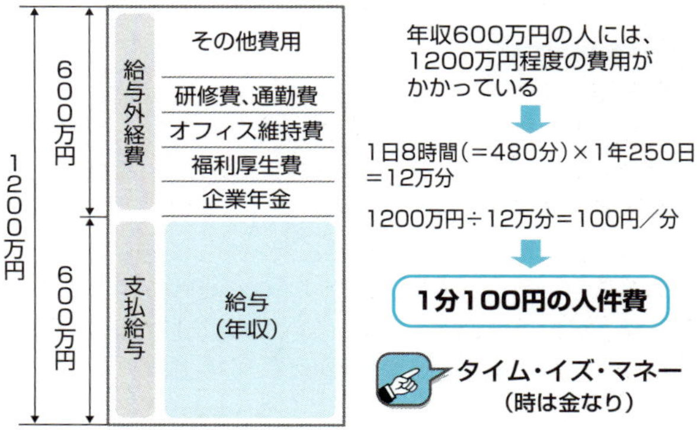

38 半導体部品の在庫をどう持つべきか？

Question

ある半導体を製品に組み込んでいるメーカーがあります。今年は、その半導体を5万個使用する予定です。今なら10万個以上を一度に購入すると20%の割引があります。なお、今後2〜3年間は、年に5万個の半導体が必要になる見込みです。

今発注部門として悩んでいるのは、5万個買うか、10万個買うかという判断です。なお、その半導体は1個1000円です。

では、あなたが発注責任者なら、どう考えますか？

❶必要な5万個だけを買う
❷20%割引の8000万円で、10万個を買う
❸さらに値引き交渉して15万個買う（3年分）

Answer

正答は①です。

工業製品の多くは、作った瞬間から陳腐化します。特に半導体分野は進歩が早く、急速に値下がりすることがよくあります。半年後に半額になることも珍しくありません。

①の必要な数だけ買うことです。②と③の割引があっても、購入後の価値の低下が激しいでしょう。大量に在庫を抱えると、期末までに資産価値が低下し評価損を出してしまいます。

解説

時間とともに増えていく評価損

お金は、金利などが発生するため、時間とともに価値が高くなっていきます。しかし、骨董品でもない限り、商品は時間とともに価値が低下していきます。

時間とともに在庫の価値は低下します。たとえば、製品を作って倉庫に保管したままにするだけで、後続の新製品によって、相対的に在庫製品の価値が低下します。

購入した部品についても同様に、在庫として抱えるだけで価値が低下していきます。特に半導体は、短期間で価値が低下します。

企業は期末の棚卸しで､在庫製品の価値を再評価します。たとえば、1万円で購入した部品の価値を、期末に再評価して4000円の価値に置き換えます。その時に発生するのが評価損です。「評価損＝取得原価－現在価値」になります。

半導体の値下がりが激しいのは、「ムーアの法則」によるといわれています。ムーアの法則とは、「半導体の集積密度は18～24ヶ月で倍増する」という法則です。年々集積密度や性能が向上するため、時間経過による評価損も大きいのです。

(評価損＝取得価格－現在価値)

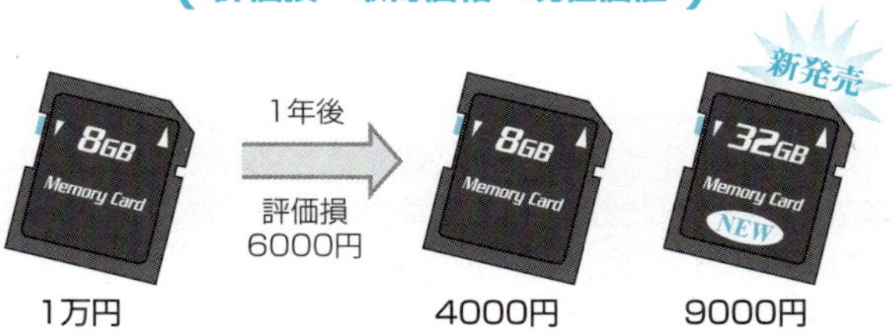

・モノの価値が下がって評価額が下がると、評価損が発生する
・在庫を抱えると、評価損が発生しやすい

39 「トヨタ3年ぶんください。」ってどういう意味？

Question

テレビCMで「トヨタ3年ぶんください。」と宣伝しています。トヨタ車を3年分だけ買うと、通常よりも安くなるそうです。

では、どのような購買システムなのでしょうか？

❶3年間乗ったら修理保証がなくなる
❷3年間乗ったら中古車として引き取られていく
❸3年後に新しいトヨタ車を買わなければいけない

Answer

正答は②です。

高額な新車を買いやすくするために、3年後に車を中古価格で引き取る契約方法が、残価設定型プランです。たとえば、300万円の車を3年後に100万円の中古価格で引き取ってもらう契約をしたとします。すると、差額の200万円の支払いにより、新車を3年間所有することができます。

販売店は、引き取った中古車を中古市場で売却します。車を引き取られた顧客は、中古車販売の問題から解放され、次の新しい車を買うことができます。

解説

3〜5年後に車を売却する残価設定型プラン

高い車は魅力的だが、ローンが高額になり利息もたくさんかかると敬遠されがちです。そこで、「残価設定型プラン」を導入する自動車メーカーが増えつつあります。

残価設定型プランでは、契約期間（3〜5年）を過ぎると、車は引き取られて使う権利を失います。

残価設定型プランの場合、契約期間後に所有権が販売店に帰属します。引き取られた中古車は、中古車市場で転売されます。そのため、車の改造が自由にできません。

新車販売の会社が中古車を引き取るメリットは、新車の買い替え需要です。3〜5年後の契約期間後に、新車を購入したい人が高い確率でやってきます。営業側としても、新車の売り込みタイミングが正確に読めます。一方、契約期間後に本人が車を引き取れば、中古車市場を通す手間もなく、残価分の金額を受け取ることができます。

車を短期間で買い替えるのが好きな人は、残価設定型プランは魅力的かもしれません。期間限定ではありますが、高級車を手に入れやすくなります。しかし、経済性を重視して、長く乗りたいのであれば、あえて残価設定型プランを利用する必要はないでしょう。

（ 残価設定型プラン「トヨタ3年ぶんください。」の概要 ）

（例）3年・36回払いの場合

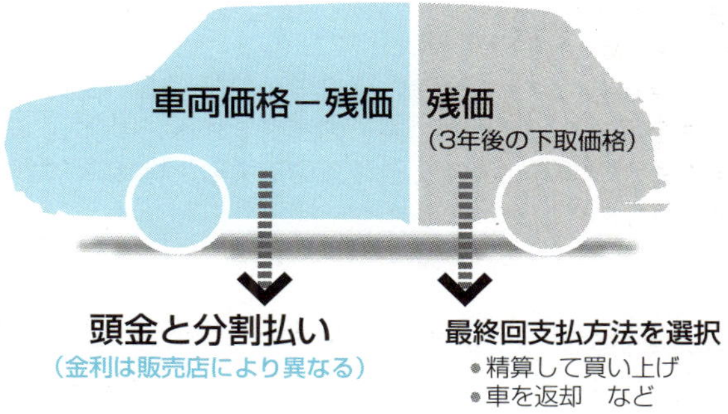

40 さえないそば屋と限定販売のラーメン屋

Question

店員：「店長、麺を落としてしまいました！」
店長：「なにやってるんだ！　えらい損害だぞ」

さて、お客が少ないさえないそば屋と、1日100杯限定売り切れ御免の人気ラーメン屋があります。

そば屋は麺を多めに仕入れ、余れば翌日にも使います。ラーメン屋は、毎日ピッタリ100個の麺を用意し、1日で完売させています。どちらも売価は700円です。

では、1杯分の麺を落としてダメにしてしまった場合、店の損失はいくらになりますか？

❶どちらの店の損失も、売価700円になる
❷さえないそば屋の損失は、そば1杯の売価になる
❸人気ラーメン屋の損失は、ラーメン1杯の売価になる

Answer

正答は③です。そば屋は麺を失っても、麺の在庫があるのでお客さんは逃げず、売上は減りません。ただし、麺の材料費分は損をします。そば屋の損失は、材料費分だけです。

一方ラーメン屋は限定100杯、麺を1玉失うと99杯しか作れません。お客さんを1人失い、売上は700円減ってしまいます。

解説

材料を落としたときの機会損失

材料を失うことで、売上数量が減ってしまう場合、損失は材料費にとどまりません。失った売上高が損失になります。

たとえば、1日限定100杯で100個の麺しか用意していない場合、1個の麺を破損することで、1杯分の売上が減ってしまいます。これを、機会損失といいます。

機会損失（opportunity cost）とは、機械の故障や製品の破損など、その事態が発生しなければ得られたであろう利益をいいます。

また機会損失は、意思決定において、2つ以上の案があった場合、そのうちの1つを採用して他を不採用にしたときに得ることができなかった利益をさします。

一方、ヒマなそば屋では、材料を失っても、売上が減るわけではありません。作り直しに必要な材料費分を損するだけです。そこで、ヒマなそば屋の機会損失は、材料代だけになります。正確には、そばを作り直すことで、変動費として水道代と光熱費が若干かかるので、機会損失に加えます。そばを作り直す手間暇は固定費なので、機会損失になりません。

（ 失った売上高に注目しよう ）

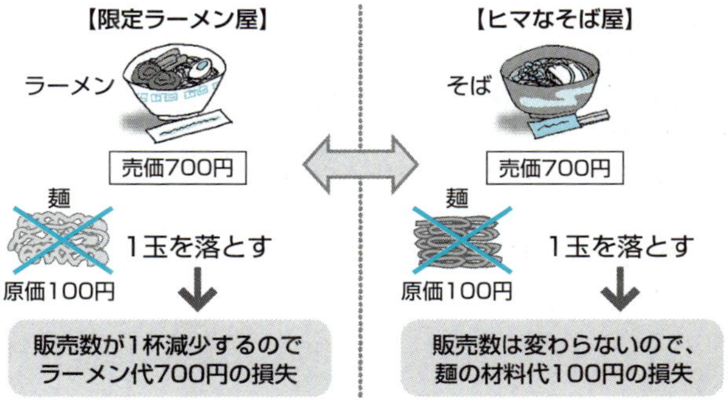

41 行列ができるマクドナルド

Question

行列ができるマクドナルドがあります。お昼時には長蛇の列で、並ぶのをあきらめて帰る人もいます。

その店のお昼時の客単価は500円とします。また、売上500円分に対する商品の仕入値を300円（粗利200円）とします。

さて、お昼時に10人の人があきらめて帰ったとしたら、そのことによる損失は、いくらと試算できるでしょうか？

❶10人の売上分の5000円を損失
❷10人の利益分の2000円（売上－仕入）を損失
❸損失はない

Answer

正答は②です。実際には損失が発生していなくても、機会損失が発生したと考えられます。「販売チャンスロス」ともいいます。お客さんが購入直前で気が変わって買わずに帰るとか、買いたいけど商品が品切れで買わずに帰る場合、得られたはずの利益分を機会損失といいます。

顧客の人数にかかわらず、お店の人件費は一定、つまり固定費です。損益は変動費分だけを計算、つまり粗利を考慮すればいいことになります。1人当たり粗利200円ですから、10人の顧客を失うと2000円の損失が発生した計算になります。

解説

販売チャンスロスという機会損失

行列ができるお店では、待つのがいやで、あきらめて帰るお客さんもいるはずです。購入しようと思っていたお客さんが、買わずに帰ってしまった場合も、機会損失が発生します。販売チャンスロスは、機会損失の一種です。

日本のマクドナルドは、2008年の売上高5183億円、店舗数3754店です。たとえば、1日1店舗当たり10人が買わずに帰ったとしたら、1年間でいくらくらいの損失になるのでしょうか。仮に96ページと同様に機会損失を計算すれば、1店舗当たり「10人×200円×365日＝73万円」です。3754店で年間の機会損失が、なんと約27億4000万円になります。

マクドナルドの店舗は、世界118ヶ国に約3万店あります。1店舗当たりの機会損失が年間10万円とすると、世界中で年間30億円の機会損失になります。多少の皮算用があるにせよ、機会損失恐るべし。

(逃がしたお客を意識すべし)

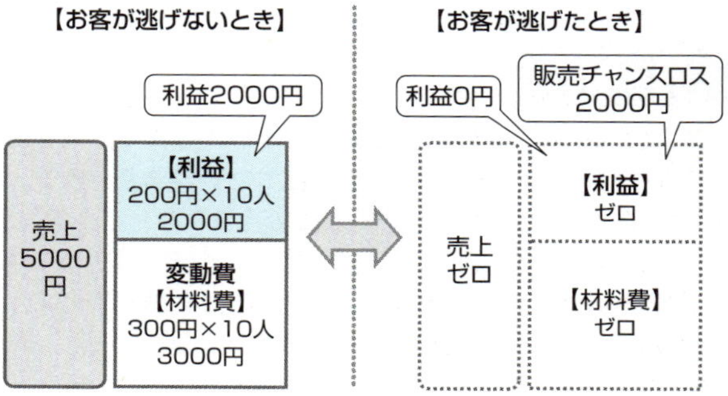

・販売チャンスロスは見えないロス
・販売チャンスロスを撲滅せよ

42

経営者なら どの投資を選ぶべき？

Question

経営者には日々、意思決定が求められます。その中でも大規模投資は、大きな意思決定の1つでしょう。

山野飲料では、生産ラインの自動化を進める設備投資の話が進んでおり、次の3つの投資案が候補にあがっています。

では、3つの投資のうちから1つを選ぶとすれば、どの案を選びますか？　なお、いずれも資金調達においては全く問題がないとします。

❶投資額10億円、2年で投資回収できる投資案
❷投資額5億円、4年で投資回収できる投資案
❸投資額1億円、5年で投資回収できる投資案

Answer

正答は①です。経営者として投資判断をする場合、何年で投資回収できるかが最大の関心事です。投資額が大きくても、回収期間が短ければ、魅力ある投資案件といえます。

①の投資額10億円でも2年で回収できれば、魅力ある案件です。業界にもよりますが、通常3年以内の投資回収が望ましいといえます。半導体事業のような変化の激しい業界では2年以内が目標のようです。

解説

投資の意思決定①　投資回収期間

投資を考える場合、何年間で投資回収ができるかは、経営者にとって最大の関心事です。一般的に投資回収期間が3年以内であればまずまずの投資、4年以上であればもっと期間短縮できないか、または投資をしないと考えるでしょう。

投資回収期間を計算するために用いられるのは、「投資回収曲線」です（下図）。投資回収曲線は、「累積収益増加分－累積投資額」と定義できます。「累積収益増加分＝累積投資額」になったとき、投資回収ができたことになります。下図の例では、3.5年と計算されました。

投資回収期間以内であれば損失期間、投資回収期間を過ぎれば、利益向上に寄与してくれる期間となります。

経営的判断で「戦略投資」をする場合があります。採算性や投資回収期間を無視してでも、投資を決定するのが戦略投資です。競合他社との競争力を高めるなど、経営者の判断で戦略投資が決定されます。しかし、戦略投資を多くやりすぎると、不採算投資で経営を圧迫します。

（投資回収に何年かかるか？）

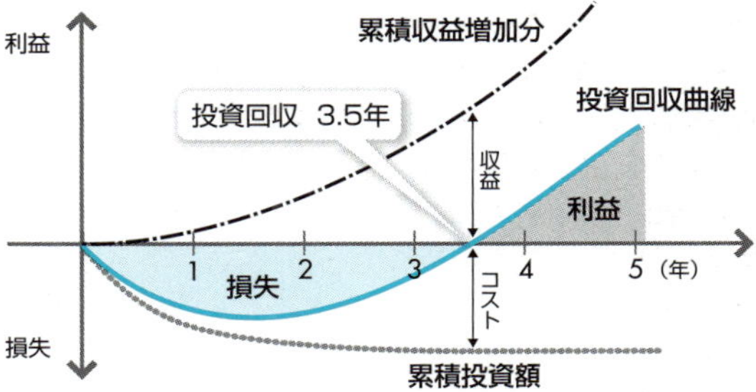

投資回収曲線：累積収益増加分－累積投資額

43

半分残したビールを飲むか、捨てるか？

Question

缶ビール3本目。晩酌だと、居酒屋で飲むほど量が進みません。3本目を半分飲んだところで、お腹がいっぱいになってしまいました。残さずに飲むとお腹が痛くなりそうです。

さて、あなたならこのビールをどうしますか？

❶もったいないので全部飲む
❷もったいないが思いきって捨てる
❸冷蔵庫に戻して翌日に飲む

Answer

正答は②です。飲み残したビールを売ってお金に換えられるなら、捨てるのはもったいないです。しかし、残しても価値がないなら、思いきって捨てるという選択肢もあります。

意思決定に関係ない費用を埋没原価といいます。たとえば、「飲み干す」「捨てる」のいずれを選択してもビール1本分の費用は発生してしまっています。残ったビールにかかる費用が埋没原価です。

①の全部飲む、②の捨てるのどちらを選択しても、ビール代は変わりません。どちらを選ぶかは好みの問題ですが、健康のためにムリをせず、②の捨てる選択肢をおすすめします。胃に捨てるか、流しに捨てるかの違いです。③は気

の抜けたビールでもよいのであれば、正答です。

解説

投資の意思決定②　埋没原価

意思決定にかかわらず、変化しないコストを埋没原価（sunk cost：サンクコスト）といいます。たとえば、古い設備がまだ使えるから、新しい設備を買うのはもったいないという場合、古い設備の購入にかかった費用は埋没原価になります。意思決定（新しい設備の購入の有無）にかかわらず、古い設備の購入にかかった費用は変化しないからです。

年配の人で、「テレビや冷蔵庫が壊れるまでは新しい製品を買わない」という人がいます。古い製品が使えるので、もったいないという理由です。しかし、新しい製品を購入しても、古い製品のコストは変化しません。したがって、古い製品のことは考えないで意思決定することが賢明です。古い製品でガマンするより、新しい製品を楽しんだ方がいいかもしれません。

（ それぞれのコストを比べてみよう ）

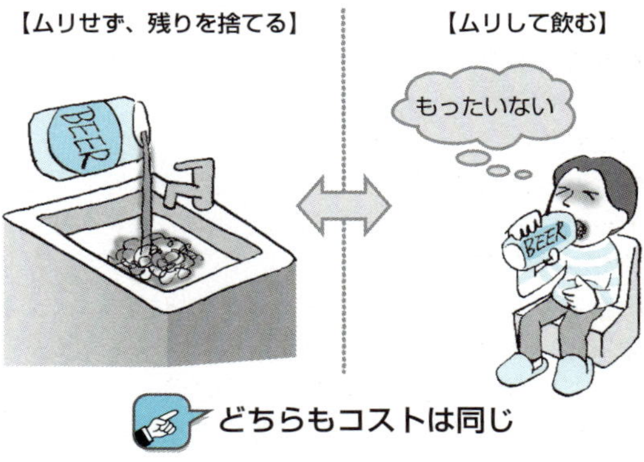

44 投資すべきか？撤退すべきか？

Question

ある製品の成長率は、年率20%と高成長を維持しています。今後3〜5年間は、高成長率を維持しそうです。

さて、桜山電機は、この製品分野では業界3位です。今後の投資戦略が問われているところです。というのは、生産拡大のための先行投資が必要な一方、業界3位なので売上は今ひとつだからです。

さて、桜山電機はこの製品のシェア拡大のために、思いきった先行投資をすべきでしょうか？　それとも、シェア拡大をあきらめて先行投資を減らすべきでしょうか？

❶業界第1位をめざしてシェア拡大の積極的投資をすべき
❷業界第3位を維持するための投資に限定すべき
❸今なら撤退が比較的容易、撤退を視野に入れるべき

Answer

正答は①です。

投資の意思決定は、企業の勝敗を分ける極めて重要なものです。成長率が高い分野への先行投資には莫大な費用を要します。年率20%ともなると、研究開発投資、設備投資など、莫大な経営資源（人・モノ・金・情報）が必要となります。

しかし、自社の分野が大きな成長を遂げそうなときがチャンスです。ある程度資金力があり、その分野を本業とするならば、①の積極的投資をすべきです。②の現状維持だけの投資なら利益の出せる事業には成長しません。③の撤退は弱気すぎます。

解説

投資の意思決定③　PPM

投資戦略を考えるために開発された手法が、PPM（プロダクト・ポートフォリオ・マネジメント）です。ＰＰＭは、1970年代後半に、ボストンコンサルティングが開発しました。

下図のように、横軸にマーケットシェアを取ります。左側は業界第1位、右側は業界第2位以下になります。縦軸は市場成長率で、今後3〜5年先の平均市場成長率です。上下の境界線は10%です。

左上は、業界第1位で成長率が高い「花形」事業です。先行投資が多い分、利益は低迷します。しかし、成長率が低下してくると、先行投資が減って、左下の「金のなる木」になります。

右上は、業界第2位以下で成長率が低いので、「問題児」の事業です。先行投資が多い割に収益が少ないので問題児です。この時点であれば先行投資をさらに加速して、「花形」に転身は可能です。なお、問題児のまま成長率が低下してくると、右下の「負け犬」になってしまいます。

（PPMで投資の意思決定）

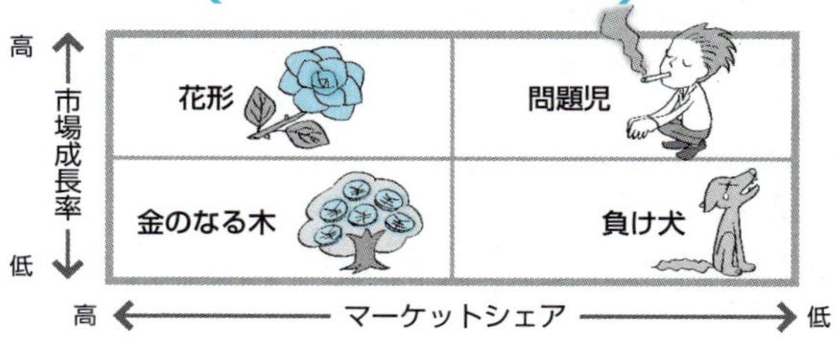

第5章　時間とお金の数字

◆オフィスの稼働率

コンビニは年中無休、24時間営業のところが大半です。そういった店舗の稼働率は100％です。コンビニのオーナーになると、海外旅行は夢物語でしょう。

また近年、ジャスコなどのスーパーが24時間営業をはじめました。年中無休なら、店舗稼働率は100％です。

さて、オフィスの稼働率はどうでしょうか？　1日8時間が基本ですが、残業もあるので1日12時間としましょう。そして、土日が休日です。12時間×5日を、24時間×7日で割り算すると、オフィスの稼働率は約36％になります。また1日8時間とすると、わずか約24％、4分の1です。

オフィスの稼働率が極めて低いことがわかります。稼働率を考慮すると、オフィスの1時間当たりの家賃は、相当に高そうですね。せめて土日か深夜に、別の用途で使えないものでしょうか。

ちなみに、オフィスの1坪当たりの月額賃料は、利便性や人気で大きな差はありますが、東京23区の好利便性のオフィスで4万円前後です。たとえば500坪借りれば、月額2000万円の賃料です。

工場を24時間稼働させている会社もあります。たとえばビール会社や化学プラント会社などです。高額設備を使っている工場では、24時間、土日も稼働して、固定費を有効に活用するのが得策です。

第6章
経済学の数字

One minute

45 鉄鉱石の価格主導権を握られた製鉄業界

Question

好況になると鉄鋼の需要が伸びて、鉄鋼の価格も上昇します。需要と供給のバランスにより価格が決まります。

しかし今日の製鉄業界では、供給者である鉄鉱石採掘業界の価格支配力が極めて強くなっているといいます。とはいっても、鉄鉱石は石油のように枯渇が危惧されているわけではありません。

なぜ鉄鉱石採掘業界の価格支配力は強いのでしょうか？

❶鉄鉱石を採掘する労働力が不足している
❷業界談合により供給量を制限している
❸鉄鉱石採掘業界が寡占化して価格支配力を持っている

Answer

正答は③です。鉄鉱石を採掘・販売している、世界のトップ3の会社だけで合計70%を超える輸出量を扱っています。合併によって巨大化しているのです。

一方、鉄鉱石の買い手である製鉄会社は、世界のトップ3の合計シェアが約6%です。これでは大量仕入の力が発揮できません。そのため、鉄鉱石の価格支配権は、販売側が完全に掌握しています。資源インフレが起きた2008年、鉄鉱石の価格が急騰したことは有名です（4年間で約4倍の値上げ）。

解説

需要と供給のメカニズム

競争市場では、需要と供給が一致することにより市場価格と取引数量が決定されます。価格（P）と数量（Q）で見た需要と供給の関係は、下図のように需要曲線と供給曲線であらわせます。

消費者側が「買いたい」という意欲をあらわしたのが需要曲線で、一般に右下がりの曲線になります。これは価格が上がるほど需要量が減少することを意味しています。

供給者側の「売りたい」という意欲をあらわしたものが供給曲線で、一般に右上がりの曲線です。これは価格が上がるほど供給量が増大することを意味しています。

需要曲線と供給曲線の交点で決まる状態を競争均衡と呼びます。このとき需要量と供給量は一致し、価格が決まります。この価格を均衡価格（市場価格）、取引量を均衡取引量と呼びます。

ただし、独占市場や寡占市場においては、供給側が需要曲線を把握し、供給量を調整することで、価格をコントロールできてしまう、というケースがあります。

一方、政府などが上限価格や下限価格を設定することを価格統制（price control）といいます。たとえば、公共料金などは上限価格が設定されている場合があります。

（ 市場で価格が決まる仕組み ）

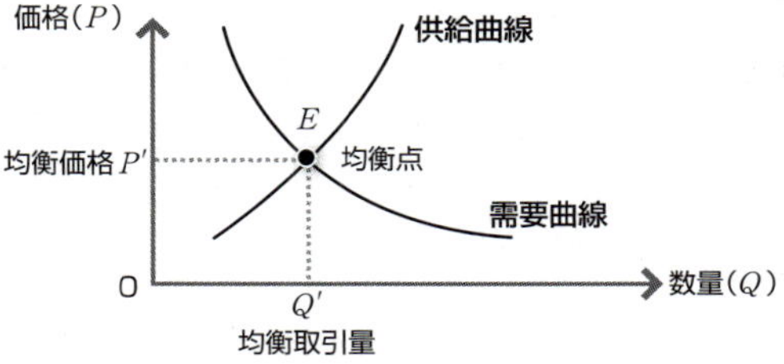

46

経済は自由化か？規制強化か？

Question

サブプライムローン問題が発生した1つの原因として、行きすぎた米国政府の金融自由化政策があげられています。規制をしないために、金融バブルが起きたといいます。

では、金融バブルのようなバブル経済は善なのでしょうか、悪なのでしょうか？

❶自由競争の結果なので善である
❷徹底した統制で計画経済をすべきだから悪である
❸ミニバブル経済程度ならば善、行きすぎは悪である

Answer

正答は③です。

自由競争により経済の健全性が保たれるという考え方のもとになったのが、アダム・スミスの「見えざる手」です。

しかしサブプライムローン問題のように、市場はバブル経済に向かって暴走することもあります。これを「市場の失敗」といいます。

自由競争に任せすぎると暴走、政府が規制しすぎると市場が沈滞します。中間である③のミニバブル経済程度ならば善といえます。

解説

「見えざる手」と「市場の失敗」

「見えざる手（invisible hand)」とは、アダム・スミスの言葉です。『国富論』にあらわれる用語で、古典的自由主義経済における市場仮説です。「神の見えざる手（invisible hand of God)」という名でも知られています。

見えざる手の仮説は、市場経済において、各個人が自己の利益を追求すれば、結果として社会全体の利益が達成されるとする考え方です。

スミスは個人が利益を追求することは、社会に対しては何の利益ももたらさないように見えるが、社会の利益が「見えざる手」によって達成されると考えたのです。スミスは、価格メカニズムの働き、最適な資源配分をもたらすもの、つまり需要と供給のバランスは自然に調節されると考えました。

「市場の失敗（market failure)」は、市場メカニズムが働いた結果において、経済的な効率性が達成されていない現象を指します。神の見えざる手が機能しなくなった状態が、市場の失敗です。

サブプライムローンの破綻など、行きすぎた金融工学が世界経済を混乱させました。市場の失敗が起こる場合には、政府が何らかの方法で市場に介入するか、あるいは政府が直接的に財の供給者となる必要があると考えられています。

（ 供給曲線がシフトすると… ）

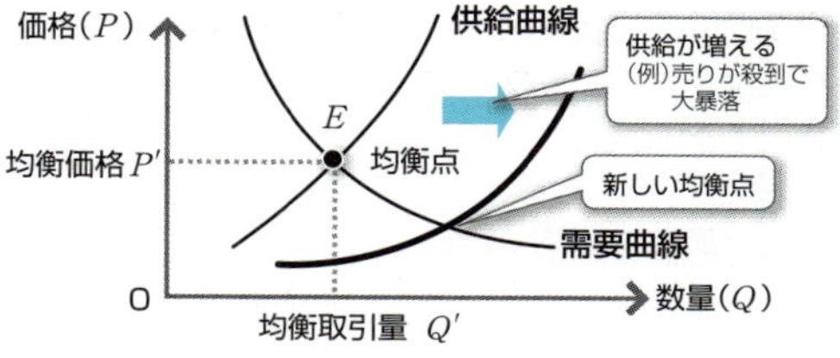

47 貿易黒字でなぜ不況なの？

Question

日本は貿易黒字を長く維持しています。しかし、日本は90年代から、長い不況下にあります。また米国は、貿易赤字でもサブプライムローン問題発生の直前までは好況でした。

では、貿易黒字・赤字は、経済の好況や不況にどう関わっているのでしょうか？

❶好況や不況は、国内の金回りの良し悪しが決める
❷本来、貿易黒字は国の所得を高め好況を引き起こす
❸本来、貿易赤字は国の所得を低め不況を引き起こす

Answer

正答は①です。貿易黒字や貿易赤字は、国の富の不均衡をあらわす指標です。一方、好況や不況といった景気は、①の国内の金回りの良し悪しで決まります。

消費が刺激され、金回りがよくなれば景気は上向きます。一方、お金を使わないで貯蓄などに回せば景気は下向きます。流通するお金の総量ではなく、回転率の良し悪しが景気に影響を与えています。

解説

貿易収支と景気

貿易収支（trade balance）とは、輸出入の収支です。

貿易収支の黒字・赤字、貿易黒字の減少・増加、貿易赤字の減少・増加は、為替レートに影響を及ぼします。

貿易収支の不均衡が起きて、黒字の国と赤字の国に分かれると、どうなるのでしょうか。変動相場制の下では、2国間で一時的に貿易収支の不均衡が生じても、為替レートによる調整機能が働きます。貿易黒字国の通貨価値が上がることで、黒字国の輸出品の価格が上昇して競争力が低下し、貿易黒字が縮小するからです。

貿易収支は、国際間の通貨の増減を意味します。貿易収支で黒字でも、景気がいいというわけではありません。景気の良し悪しは、1国内の循環を意味しています。

国内でお金をどんどん使えば、お金の循環がよくなり、景気がよくなります。しかしお金を使わなければ景気は悪くなります。景気は国内におけるお金の回転率の高低といっても過言ではありません。

では、お金をどんどん使えば、景気は永遠によくなるのでしょうか。しかしお金の回転率には限界があります。お金を使いたい人が増えると、物価上昇が起きるかもしれません。一方、商品の供給量が増えすぎると、モノあまりになってしまいます。前年よりも相対的に需要が減る、つまりお金の回転率が低下すると、不景気になってしまいます。

（景気は国内のお金の回転率）

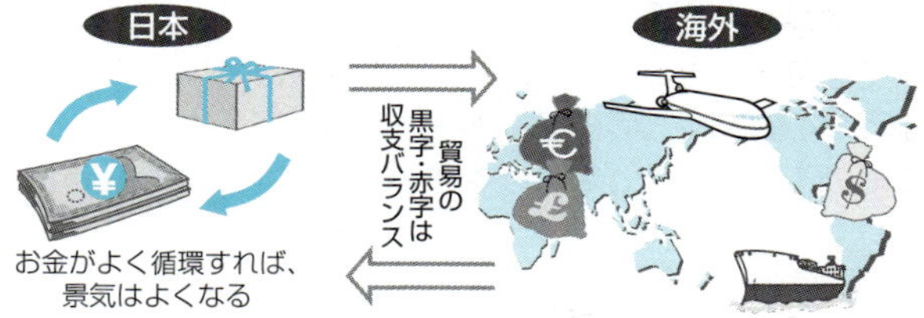

- 貿易黒字になると外貨の保有量が増加する
- 国内のお金の回転率が高くならないと景気はよくならない

48 デフレ経済では借金をすべきか否か?

Question

デフレ経済が長期化し、預金金利も低く、預金する気もしない今日です。

今、1000万円のゆとり資金を持っている人が、これで投資用不動産を買うか、住宅ローンを返済するかを悩んでいるとします。

投資用不動産は1億円。9000万円のローンを金利4%で銀行からいつでも借りられる状態です。また、不動産の利回りは7%。住宅ローンは、金利3%で3000万円残っています。

さて、どの選択肢がいいでしょうか?

❶9000万円のローンを組んで投資用不動産を購入
❷金利3%の住宅ローンを返済してローンを減らす
❸金利3%のREIT(不動産投資信託)を購入

Answer

正答は②です。

デフレ経済下の鉄則は、借金をしないことです。ローンを組まない、あるいはローンを減らすのが定石です。

①の投資用不動産でローンを組むのは逆行です。②のローンの返済が王道です。③の投資信託を買うお金があれば、ローンを減らしましょう。金利3%で残債が30年あるローンでは、一部でも繰り上げ返済すれば、30年間金利3%で

投資したと同じ効果が得られます。

解説

現在と将来を結びつける金利

　デフレ経済では借金をしないこと、借金を減らすことが良策です。デフレ経済では金利が安いとはいえ、不動産などの資産を購入すると、資産価値が目減りしていきます。

　たとえば、5000万円で購入した不動産が2年後に4000万円に下落することはよくあります。ローンを組むと、資産価値が低下していても、金利を支払う必要があります。一方、現金か預金で持っておけば、下落した不動産を、タイミングを見て安く買うことができます。

　では、現在と将来を結びつける金利はどのようにして決まるのでしょうか。お金の需要と供給によって決まります。需要と供給によって決まった金利を均衡金利といいます。

　投資意欲が高く、金利をたくさん支払っても借金をしたいと考える人が増えると、金利が上昇します。資金需要が旺盛になると、均衡金利が上昇します。

　一方、投資に魅力がなく、貯金して金利をもらいたいという人が増えると、均衡金利は低下します。投資意欲が低下すると、景気も低迷します。デフレ経済に陥りやすいのは、投資意欲が低下し、お金を使いたがらないときです。

（ 金利が上昇するとき、下降するとき ）

【金利が上昇するとき】
金利を払っても借金したいという人が増えたとき。
ただし、ある程度金利が上昇すると、投資意欲が下がる

【金利が下降するとき】
消費をガマンして貯金をし、金利をもらおうとする人が増えたとき

49 どうして欧米はチップ社会なのか？

Question

海外旅行をするといつも気になるのがチップです。たとえば、ホテルのベッドメーキングに1～2ドル枕銭をおくとか、レストランの食事に20%近くのチップを渡すことは、日本人にとっては理不尽に思えてなりません。

では、なぜ欧米は、チップ社会なのでしょうか？

❶チップがないと働かないから
❷貧富の差が激しいから
❸お金第一主義の社会だから

Answer

正答は①です。日本人は勤勉な国民性があるので、チップをもらわないと働かないという人は皆無です。終身雇用制のような安定を求める国民性です。

一方欧米諸国では、インセンティブ（やる気を起こさせるような刺激）が必要です。チップはインセンティブの代表例です。チップをもらうために働くという動機付けをしているのです。

チップがなくても陰ひなたなくまじめに働く日本人の国民性はすばらしいと思います。雇用不安定な今の社会の仕組みは、組織に忠実な日本人にはそぐわない仕組みです。

解説 社会主義の限界と参入規制の社会的コスト

インセンティブは、国の経済を考えるうえで重要な要素です。

社会主義では、インセンティブ（やる気を起こさせるような刺激）システムが働きません。その結果、生産性が低下し、コスト上昇を招きます。そして、価格競争力を失い、市場での競争力を失うのです。社会主義国が自由経済に転換したのは、輸出競争力を高めるためでもあります。

米国が自由競争を推奨する理由もここにあるでしょう。

政府が参入規制をすることで、社会的コストが上昇します。参入規制により価格競争が緩和されます。また、供給量の減少で、均衡価格が上昇します。

たとえば、たばこの製造販売を政府が規制することで、すでに参入しているたばこ会社の独壇場になります。また、水道工事や電気配線の業者許可制により、新規参入が制限され、工事料金を高価格に維持することができます。

ただし、小泉純一郎元首相の下で行われた経済自由化は、デフレ経済に拍車をかけました。たとえば、旅行業界への新規参入緩和で、バス会社が増え、バスのチャーター料金の価格破壊がおきました。

（政府の参入規制による価格上昇）

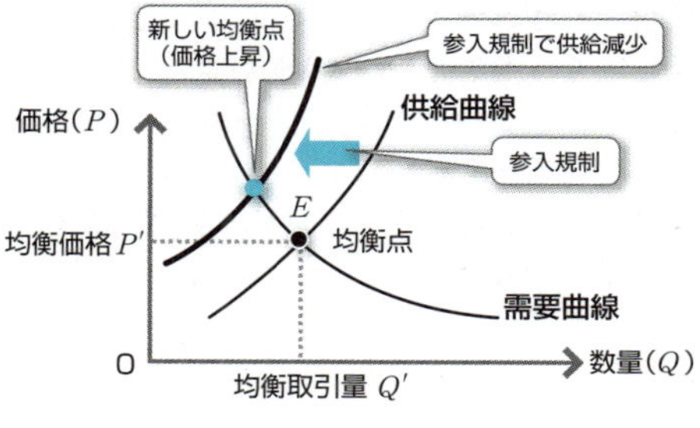

50 なぜ競合と共同開発をするのか？

Question

近年、競合である会社同士が、最先端の技術を共同で開発しています。たとえば、液晶テレビの分野ではシャープとパナソニックが、ソニーと韓国のサムソンが連合を組んでいます。

では、なぜ宿敵の競合他社と提携してまで、最先端の技術を共同開発するのでしょうか？

❶技術は競合他社と共有化することで役立つから
❷開発費の負担を軽減し、最先端の技術を開発したいから
❸特許で保護しても競合他社にいずれ模倣されるから

Answer

正答は②です。

近年、国内での競争力より、世界での競争力の重要性が高まっています。国内より世界の方が、はるかに市場規模が大きいからです。

また最先端の技術では、世界標準が重要になっています。デファクトスタンダード（事実上の標準）が取れるかどうかが、世界市場制覇の鍵を握っています。

強者連合で新しい技術をいち早く開発すれば、デファクトスタンダードを獲得するチャンスが広がります。たとえば、ブルーレイディスクの勝利により、先行企業はチャンスを活かすことができます。

解説

ボーダレスエコノミー

最先端技術分野では、今や世界での競争力が勝敗を分ける時代になりました。国内で競争し、消耗戦をしている時代ではありません。

世界レベルでの競争力を高めるために、競合する企業同士が提携して、最先端の技術を共同で開発する時代です。また、共同出資で最先端の研究開発をする例も増えています。たとえば、パナソニックと日立が、液晶を共同で開発することで、開発費の負担を減らしました。

近年、デファクトスタンダード（事実上の標準）をとらなければ、世界市場制覇が難しいといわれています。次世代記憶媒体として勝利したのが、ブルーレイディスクです。日本ではソニー、シャープ、パナソニック、日立が共同戦線を張り、東芝陣営に勝利しました。

ブルーレイディスクの勝利を決定付けたのは、世界トップの売上を誇る量販店であるウォルマートが、ブルーレイディスク製品の販売を決定したことです。

販売チャネルを提携することで、世界市場に販売する基盤を築く動きも出ています。北米市場に強い企業、欧州市場に強い企業、アジア市場に強い企業が提携すると、世界市場に最強の販売チャネルを構築することも可能です。

（ 業務提携で世界での競争力を高める ）

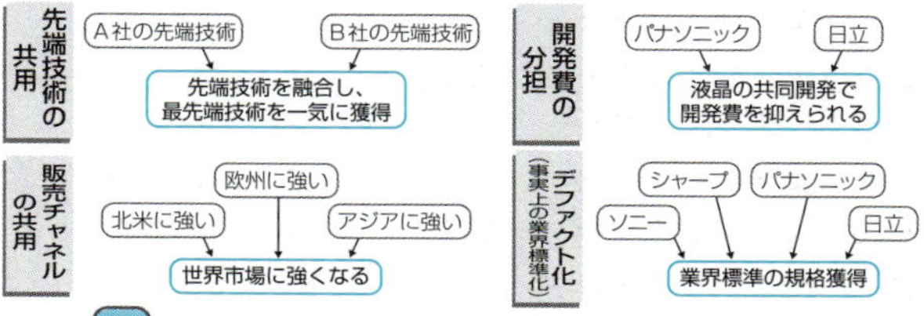

異業種、競合他社と組んで多角化リスクを減らす

51 どうして大企業では給与が高いのか？

Question

大企業と中小企業を比較すると、大企業の方が比較的給与水準がいいとされています。社員数が多いのに給与水準を高めると、人件費を確保するのもたいへんそうです。

では、大企業が高い給与水準を維持する最大の理由は？

❶大規模の方が経営効率を高くしやすいから
❷毎年労使交渉で賃上げ交渉を実施しているから
❸優秀な社員を集めるためにしかたなく高くしている

Answer

正答は①です。

規模が大きくなるほどスケールメリットが得られるという「規模の経済」があります。コンビニチェーンなどが店舗数を増やすのも、規模の経済が働くからです。

同じ業種、同じ業務内容であれば、大規模の方が生産性は高くなります。その結果、大規模企業の方が賃金を高くしてもやりくりできるのです。

①の大規模の方が経営効率を高くしやすいからが正解です。なお、②の労使交渉、③の優秀な社員を集めるというのも一理あります。なお、子会社政策により、子会社の給与が親会社よりも下げられるという一因もあります。

解説

規模の経済（economies of scale）

規模の経済とは、規模が変化したときに、経営効率がどう変化するかを示す考え方です。規模に関して次の3つの形態があります。

1つめは規模に関して「収穫逓増《しゅうかくていぞう》」が成立する場合です。規模を拡大することで経営効率が高まります。2つめは、「収穫一定」が成立する場合です。規模にかかわらず、経営効率が一定となります。3つめは、「収穫逓減《ていげん》」が成立する場合です。規模の拡大によって、かえって経営効率が低下します。

一般的には、ある一定規模までは収穫逓増が実現できますが、ムリをしてまで規模拡大に走ると、収穫逓減になることがあります。

また近年、成熟産業においては、ある程度の規模以上をめざすと、収穫逓減になる場合があります。たとえば、ムリな値引き競争で売上数量を増やそうとする場合です。「やみくもな規模の拡大をするな。利益を伴う成長をめざせ」という考え方が大切になっています。成熟市場では、選択と集中に基づく効率的な投資が競争戦略上重要となります。

(大企業の方が平均給与が高い)

主な能力給別の月例賃金額

※社会経済生産性本部「能力・仕事別賃金実態調査」（2008年度）より

能力等級		平均賃金（規模計）	1000人以上の大企業	100人未満の小企業	大・小企業格差
10等級	部長担当	55.9万円 (56.0万円)	69.7万円 (70.1万円)	51.7万円 (50.7万円)	18.0万円 (19.3万円)
8等級	課長担当	42.4万円 (43.1万円)	51.2万円 (53.3万円)	39.0万円 (39.0万円)	12.2万円 (14.2万円)
7等級	係長・主任担当 （一般職最上位）	34.0万円 (34.5万円)	39.6万円 (40.6万円)	31.6万円 (31.8万円)	8.0万円 (8.8万円)
3等級	一般職（大卒初任格付）担当	20.5万円 (20.4万円)	21.6万円 (21.2万円)	19.7万円 (19.7万円)	1.9万円 (1.6万円)

※金額は回答企業の時間外手当を除く月例賃金の平均である（大・小企業間格差を除く）。
下段の（　）内の金額は前年（2007年）の調査結果である。

52 なぜ日銀は公定歩合にこだわるのか？

Question

日本銀行の仕事で最も知られているのが、公定歩合の決定です。公定歩合は、さまざまな金利に影響を与えます。また、為替レートにも大きな影響を与えます。公定歩合の変更は、さまざまな経済に影響を与えます。

では、なぜ日銀は公定歩合を変更しなければいけないのでしょうか？

❶変更すること自体が経済に刺激を与えるため
❷金融機関の収益を調整するため
❸インフレとデフレを調整するため

Answer

正答は③です。

公定歩合は景気に大きく影響を与えます。公定歩合は、預金やローン金利に影響を与えます。金利が安ければ、ローンを組んでもマンションや車など、大きな買い物をしようと考える人が増えます。その結果、景気が上向きます。

逆に金利が高くなると、預金の魅力が高まり、ローンを組む魅力が減ります。その結果、景気が下向きます。

ただし、将来が不安な場合、金利が安くても貯蓄して将来に備えようという人が増えて、お金を使わなくなるのでお金の回転率が悪くなり、景気が停滞します。

公定歩合で、③のインフレとデフレを調整することができます。インフレなら公定歩合を上げて投資熱をさます、デフレなら公定歩合を下げて投資熱を喚起します。

解説

最後の貸し手、日本銀行

　日本の中央銀行である日本銀行は、物価の番人、最後の貸し手といわれ、物価安定と円滑な資金の循環は、経済運営に不可欠です。米国の中央銀行は、ＦＲＢ（the Federal Reserve Board）で、「連邦準備制度理事会」と呼ばれています。

　日本銀行の役割で有名なのは、物価の番人としての公定歩合の決定です。ただし公定歩合は、2006年8月から「基準割引率および基準貸付利率」と、呼び方が変更されました。

　インフレが加速すると、中央銀行が金利を上げて投資意欲をさまします。高い金利を払ってまでお金を借りるのをやめようとする人が増えれば、投資意欲が冷やされます。

　一方、デフレや不景気が加速すると、中央銀行は金利を下げて投資意欲を刺激します。しかし今の日本は低金利でも、投資意欲が高まりません。なお、高齢者が増えると、物価の安定と高金利が両立できる経済が理想的といえます。高金利であれば、預金している老後資金が増えるからです。

（基準割引率および基準貸付利率（従来の「公定歩合」）の推移）

平成13(2001)年	1月　4日	0.50（%）
〃	2月13日	0.35
〃	3月　1日	0.25
〃	9月19日	0.10
平成18(2006)年	7月14日	0.40
平成19(2007)年	2月21日	0.75
平成20(2008)年	10月31日	0.50
〃	12月19日	0.30

◆ハリウッドスターのお付き役のチップ

日本人はチップをもらうと、とまどってしまう場合が多いのではないでしょうか。しかし、海外はチップ社会といっても過言ではありません。タクシーに乗っても、約20%のチップを加算して支払います。

以前ハワイのレストランで、洋服に熱いスープをこぼされました。やけどはしなかったものの、さすがにチップを払うのも不愉快。マネージャーに説明して、チップの支払いは拒否しました。

さて、米国のハリウッド映画、ハリウッドスターは世界的に有名です。超有名ハリウッドスターが来日したとき、知人の広告代理店の人が、案内役を担当しました。

「スターはお金持ちだから、チップはすごいんでしょうね」と聞いたところ、1円ももらえなかったそうです。スターともなると、やってもらって当たり前になるのでしょうか。それともケチなのでしょうか。そもそも、ハリウッドスターは、現金を持ち歩いていないのかもしれません。スターのお世話をしてチップをもらえないのは、ちょっと意外でした。

日本でチップをもらっている人といえば、葬儀関係者です。火葬場では、亡くなった方の親族から、よく心づけを渡されるとか。ただ最近は、受け取りを禁止するところが増えているようです。

第7章
正確に把握できない数字

53 株の売りと買いがなぜ成立するのか？

Question

「この株は値上がりする」と思って、その株を購入する人がいる一方、なぜ売却する人がいるのでしょうか？
　また、「株が値下がりする」と思って、その株を売却する人がいる一方、なぜ購入する人がいるのでしょうか？

❶値上がりと値下がり、投資家の見解の相違があるから
❷証券会社が保有株を使って株数の帳尻を合わせるから
❸証券取引所が保有株を使って株数の帳尻を合わせるから

Answer

　正答は①です。投資家の全員が「この株は値上がりする」と考えると、株価がうなぎ上りになって売買が成立しなくなります。値上がり派と値下がり派が均衡するから株の取引が成立します。まさに、需要と供給のバランスがなければ、株取引は成立しません。
　株をはじめとする投資に絶対はありません。投資は投資家の「仮説」で動いています。上がるか下がるかは、投資家1人ひとりの仮説によって意思決定されているのです。①の投資家の見解の相違があるから取引が成立します。

解説

株式は投資家の仮説で動いている

　仮説とは仮の結論です。正しいかどうかは現時点で断定できないという結論を、仮置きしたのが仮説です。株式投資や貴金属への投資など、投資家は仮説で動いています。

仮説が正しいかどうかは現時点ではわかりません。時間が経たないと、結果が判断できません。ではなぜ、投資家は仮説で動くのでしょうか。

そもそも、100%儲かる話はありません。もし100%儲かるとすれば、投資家全員が買いか・売りのどちらか一方に判断が偏ってきます。たとえば投資家全員が値上がりすると考えると、買い手ばかりで値上がりが止まらなくなってしまいます。

つまり、売買が成立するのは、買い手と売り手が異なる仮説で売買しているからです。強気派と弱気派が均衡するから成り立っているのです。

では、株式市場で確実に儲けているのは誰でしょうか。それは売買をして手数料を得ている証券取引所や証券会社です。

また宝くじや競馬などで確実に儲けているのは主催者です。確実に儲けるためには、胴元（元締め）になることが必要です。これを胴元ビジネスといいます。フランチャイズであれば、胴元はオーナーではなく、チェーン本部です。

投資家によって仮説は異なる

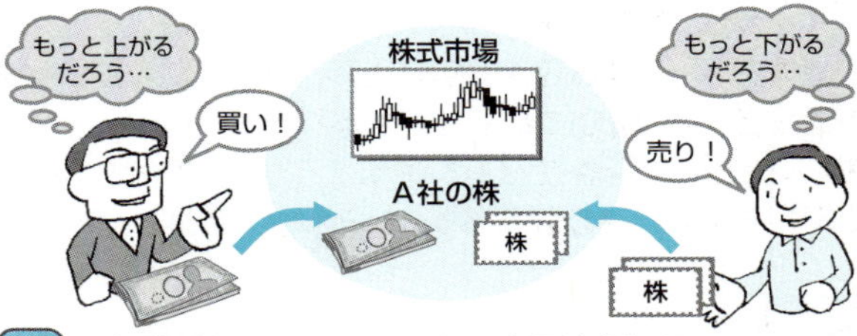

・仮説が人によって異なるから売買が成立する
・誰もが株価が上がると思えば売り手がいなくなって売買が成立しない

54 市場の反応を予測するには？

Question

新製品を発売したいのですが、販売数量がどれくらいになるのか、いっこうに見当がつきません。
さてどうやって予測すればいいのでしょうか？

❶製品を見せてマーケティング会社に予測してもらう
❷地域限定でテスト的に販売して市場の反応を見る
❸予測するまでもなく、品切れしないように大量生産

Answer

正答は②です。市場の反応を予測するために用いられる手法が、テストマーケティング（test marketing）です。多くの場合、②の地域限定でテスト的に販売して市場の反応を見ます。

アンテナショップという言葉をテレビで聞いた人が多いと思います。たとえば、東京・山手線の主要駅に、北海道物産店など、都道府県の物産店を開店して、売れ筋商品の把握など、市場の動向を探ります。

①のマーケティング会社に予測してもらうのは、経費がかかります。全く新規の事業なら選択肢の1つでしょう。

解説

市場の大きさを予測する

新製品を本格的に市場に出す前に、一般の人の反応を見るため、試験的に選んだ限定市場（テストマーケット）で実際に売ってみるのが、テストマーケティングです。

テストマーケティングの目的は、実際に市場で販売してみることで、新製品について市場の反応情報を獲得し、本格的販売の参考にします。

テストマーケットの選定は極めて重要です。代表的な地域として、リトル東京（小さな東京）としての札幌市が有名です。またリトル日本（小さな日本）として静岡県が有名です。静岡県は日本の市場の3%といわれており、販売量の予測に効果的といわれています。

なお近年、アンテナショップも増えています。アンテナショップは､販売元が市場の反応を見るための直営店です。市場動向の情報を集めるという、アンテナ機能を果たしてもらうために開店します。たとえば、北海道、宮崎県など、都道府県の名産品を販売するために、都内にアンテナショップを出店するケースが増えています。

アンテナショップであれば、購入した顧客の年齢、性別を把握することが可能です。また顧客から直接生の声を聞くことで、商品開発やマーケティング戦略にも活かすことができます。

（テストマーケティングによく使われる地域）

55 為替動向について正しいのはどれか？

Question

公定歩合の変動は、為替レートに大きな影響を与えます。為替レートはさまざまな要因で変動します。一般的に通貨が強くなれば、通貨高になります。たとえば、貿易黒字は通貨高の一因です。

では、公定歩合に限って考えると、為替レートにどのような影響を与えるのでしょうか？

❶日本の公定歩合が上がると円高になる
❷日本の公定歩合が上がると円安になる
❸日本の公定歩合の変動は為替レートに影響はない

Answer

正答は①です。一般的に中長期の視点では、公定歩合が上がると通貨高、公定歩合が下がると通貨安になります。ただし、景気要因や投資家の心理要因なども影響するので、為替レートの動きは単純ではありません。

一般的には、公定歩合が上がると、国外の投資家から見れば通貨の価値が高まります。国債や預金金利が上がるために、利息収入が増えるからです。その結果、公定歩合が上がる通貨が買われ、通貨高になります。

一方、公定歩合が下がると他の通貨での投資に乗り換えるため、売られて通貨安になります。

解説

予測が難しい為替と経済

株価と同様、為替の動向を予測するのも難しいものです。為替の動向がピタリとわかれば、大金持ちになれます。

近年、ＦＸ取引（Foreign Exchange：外国為替取引）が個人投資家でも簡単にできるようになりました。たとえば、米ドルを購入し、米ドルが高くなったところで日本円に戻せば利益が出せます。また逆に、米ドルを売ってから、米ドルが安くなったところで米ドルを買い戻しても利益が出せます。

経済の専門家、プロといわれるエコノミストでも、円高になるか、円安になるかは、なかなか当てられません。必ず予測を的中させるエコノミストがいれば、投資家になった方が賢明です。

円高になる要因として、金利上昇、景気回復、貿易黒字、楽観論、健全な政府、投資家心理などがあります。投資家心理の予測が最も難しいかもしれません。たとえば、景気が上昇したとしても、投資家が将来の景気に不安を抱けば、材料出尽くし感で反対の動きをすることがあります。

（さまざまな要因が絡む為替動向）

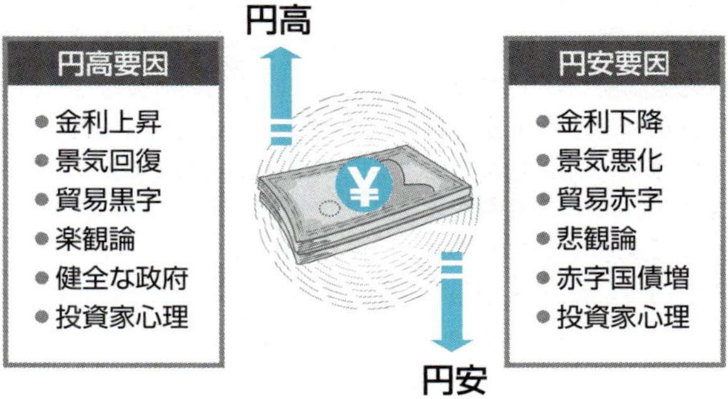

56

利根川の河口付近、1分間の水流量は？

Question

利根川は、群馬県から関東平野を北西から南東へと流れる河川です。「坂東《ばんどう》太《た》郎《ろう》」の異名を持ち、日本三大暴れ川の一つに数えられます。

さて、利根川の河口付近において、1分間の水流量は何立方メートル（m^3）でしょうか？

❶1500m^3
❷1万5000m^3
❸15万m^3

Answer

正答は②です。

厳密に考えようとすると答えが出せません。またデータがないものが多いので、仮説を置いて考えなければ、考えが前に進みません。

河口付近の「川幅」「深さ」「流れの速度」がわかれば、流量が計算できます。これらの数値は、調査が許されていないので、仮説を置くしかありません。もし数値が間違っていても、後で調べて数値の精度を高めればいいのです。

川幅を500mとします。川の平均の深さを平均5mとします。川の断面の面積は、長方形でモデル化して考えると、2500m^2です。

1分間の流れの速度を6mとすると、体積は1万5000m^3。

もしも数値が間違っていれば、調査して修正すれば、より正確な流量が算出できます。なお、フリー百科事典サイト「Wikipedia」によると、1秒間当たりの平均流量は256m^3／秒です。

解説

仮説を置いて川の流量を予測する

正確に測定できない数字は、仮説、つまり仮の結論に置くのが賢明です。精度にこだわりすぎると結論がでません。

一見複雑な構造でも、モデル化（複雑さを捨てて単純化）することで、単純明快に全体像を把握することができます。たとえば、川の流量を計算する場合、複雑さを捨てて川の断面を長方形に近似させてモデル化します。

川の1分間当たりの流量は、季節によっても変化します。しかし、単純化するために、ある時点の流量を予測します。そして流量の体積を計算するために、直方体に近似させて計算します。

「精度が足りないから信用できない」という人がいるかもしれません。しかし精度を気にしていると、いくら時間をかけても結論が出せません。精度とスピードのどちらを優先するのか。スピードが優先される機会が増えているのです。

（ モデル化して単純明快に考える ）

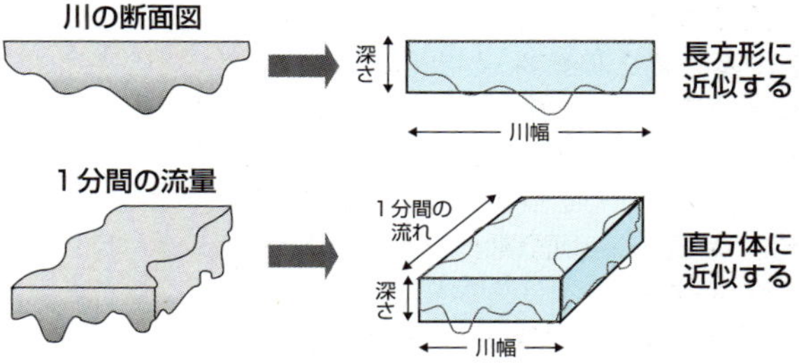

57

富士山の土で琵琶湖を埋められるか？

Question

　日本一高い山といえば、標高3776mの富士山です。日本一大きな湖といえば、面積 670km²、最大水深104mの琵琶湖です。

　さて、富士山の土で、琵琶湖を完全に埋めることができるでしょうか？

❶できる（富士山の土が多い）
❷できない（富士山の土が少ない）
❸ほぼ埋めることができる（ほぼ同体積）

Answer

　正答は①です。

　富士山の高さを3700m（3.7km）とし、富士山の形を円錐形と仮定します。円錐形の体積は、「半径×半径×円周率×高さ×1/3」。富士山の底面の半径がわかれば、体積が計算できます。この半径を10kmとしましょう。すると、富士山の体積は、10km×10km×3.14×3.7km×1/3＝387km³。

　一方、琵琶湖の広さについても、後で調べるという前提で仮説を置くしかありません。長方形にモデル化して、30km×20km＝600km²。平均の水深を30mとすると、体積は、600km²×0.03km＝18km³。

　富士山387km³、琵琶湖18km³。富士山の土で琵琶湖は完全に埋まり、土は大量に余りそうです。

なお、「Wikipedia」によると、琵琶湖の平均水深は41.2m、貯水量は27.5km^3と記載されています。富士山の体積は、400〜1400km^3と諸説あります。

解説

おおまかな数字を仮説に置くフェルミ推定

フェルミ推定（fermi estimate）とは、実際に調査するのが難しい量を、いくつかの手掛かりを元に論理的に推論し、短時間で概算する方法です。名前の由来は、物理学者のエンリコ・フェルミに由来します。フェルミはこの手の概算を得意としていました。フェルミ推定を使って解く問題を、フェルミ問題と呼ぶことがあります。

フェルミ推定はコンサルティング会社や外資系企業などの面接試験で用いられることで、一躍有名になりました。欧米では学校教育で、科学的な思考力を養成するために用いられることもあります。Google社やマイクロソフト社でも、入社試験問題として出題されたことがあります。

測定できない数字、とらえ所がない数字は、おおまかな数字を置いて考えるしかありません。ちなみに、富士山の体積は、琵琶湖に圧勝というところです。あなたもフェルミ推定の問題を作りませんか。

（富士山と琵琶湖の体積を概算）

【富士山】

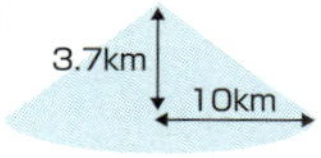

10km×10km×3.14×3.7km×1/3
=387 km^3

【琵琶湖】

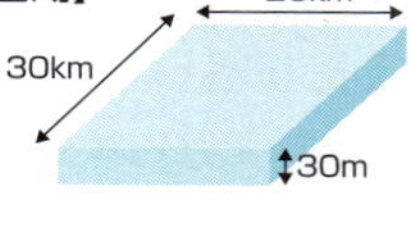

奥行30km、幅20km、
平均の水深を30mとすると、
600 km^2×0.03km＝18km^3

58 ネズミが増える牧場

Question

ある不思議な牧場では、ネズミが1日で2倍ずつ増えていきます。今日10匹だとすると、翌日には20匹になっています。

さて、ある年の8月2日に、2匹のネズミがいました。そして同年の8月31日、牧場が10億匹のネズミで覆い尽くされました。さて、ネズミが1億匹を超えたのは、何月何日でしょうか？

❶8月15日
❷8月22日
❸8月28日

Answer

正答は③です。2の乗数を計算していくととんでもない数になります。しかし、結論から考えると、案外簡単に答えが見つかります。1億匹は10億匹の10%です。

1日で2倍だから、1日前は50%です。つまり、8月30日は50%、29日は25%、28日は12.5%、27日は6.25%です。10%を超えたのは、8月28日です。

解説 結論から考えると早いことが多い

最初から積み上げるよりも、結論や結果から考えると、思考スピードがアップすることがあります。結論を先に説明するのも、相手に短時間で理解してもらうために効果的です。

改善や改革をする場合、「あるべき姿」「ゴール（到達点）」を先に考えることも効果的です。たとえば、組織改革を行う場合、改革後のあるべき組織を先に明確にしてから、どうすれば到達できるかを考えます。

現状の問題点を調べて解決しようと試行錯誤するのではなく、結論から考えます。また、商品開発の場合、完成品のデザインや性能を先に明確にしてから、設計をはじめると、ゴールが明確なので試行錯誤が減らせます。

生真面目な会社は、現状分析の積み上げから、解決策（結論）を試行錯誤で探そうとします。また生真面目な会社は、現状分析の調査結果の精度にこだわりすぎて、不要な調査までを時間をかけて行います。その結果、肝心の解決策を考える時間が不足して、努力が成果につながらないのです。

結論から考えて、その結論に至るために何をすべきかを考えます。何をすべきで、何が必要ではないのか。必要な調査や努力に絞り込むと、仕事のスピードがアップします。

（ゴールから逆算すると仕事が早い）

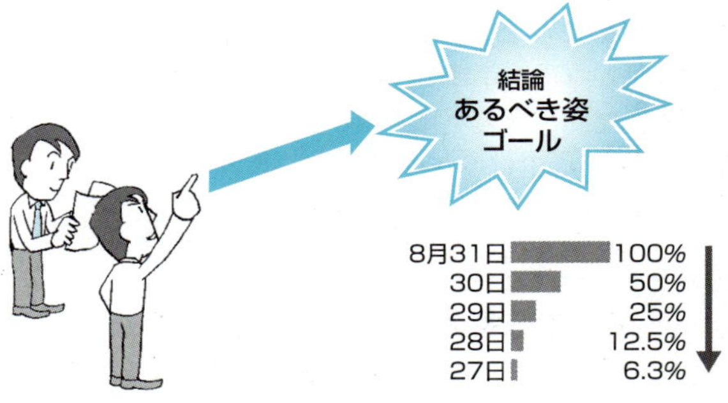

59

50年後、日本の人口は？

Question

5年に1度行われる国勢調査によると、2005年10月1日現在の日本の総人口は、約1億2778万です。なお、中国の人口は日本の人口の約10倍といわれています。

さて、50年後の日本の人口は、どのくらいになるのでしょうか？

❶約1億2000万
❷約9000万
❸約6000万

Answer

正答は②です。2005年の国勢調査に基づいた推計によると、50年後の人口は、8993万とされています。現在の70％です。

平均年齢とか、出生率などのさまざまな仮説を置いて、予測するしかありません。さまざまな仮説を置いて、予測することをシミュレーション（模擬演習）といいます。将来を予測することでいま何をすべきかのヒントが得られます。

シミュレーションはさまざまな分野で利用されています。たとえば、ロールプレイングゲームは、シミュレーションゲームの一種です。

解説

シミュレーションのいろいろ

　コンピュータとプログラム技術の進歩により、シミュレーションの用途が拡大しています。映画のコンピュータグラフィックスもシミュレーションの一種です。

　シミュレーションをいち早く導入したのが、飛行機のパイロット養成訓練のためのシミュレーションです。コンピュータ上で飛行機を操縦して、飛行機の離着陸訓練を行います。実機での訓練でないため、事故を起こしても被害はありません。

　JRなどの鉄道会社も、運転のシミュレーション訓練装置を持っています。テレビゲームの「電車でGO!」は、運転のシミュレーションゲームとして有名です。

　シミュレーションはさまざまな分野で応用されています。たとえば、地球温暖化のシミュレーション、気象予報、宇宙誕生の予測、新星爆発や衝突が起きたときのシミュレーションなど、用途は無限です。また、経営計画においては、新規事業の売上利益予測、市場の成長予測などで、シミュレーションを行う場合があります。

　シミュレーションはあくまで予測なので、さまざまな条件を設定する必要があります。条件の設定において、精度を100%にすることは困難です。ある程度割り切って、仮説を置くことが必要になります。

（さまざまな予測が可能になった）

シミュレーションの例

- 地球温暖化の予測
- 飛行機の操縦
- 新規事業の事業予測
- 今後の市場成長予測
- 気象予報
- 宇宙誕生の予測
- 新星の爆発や衝突予測
- 地球温暖化のシミュレーション

60

老後のお金はいくら必要？

Question

老後に必要なお金は、いくらくらいなのでしょうか。インフレがあれば、計算の前提は大きく変わってきます。

そこで仮説を置いて考えることになります。60歳に退職して、夫婦で100歳まで生きるとします。また1ヶ月の生活費を現在の20万円相当とします。

年率1%のインフレだと仮定すると、累計でいくらの支出になるのでしょうか？

❶6000万円
❷9000万円
❸1億2000万円

Answer

正答は③です。老後の問題を、多くの人が抱えています。生活費、病気など、心配は尽きません。老後に必要なお金をシミュレーションしてみるのも一興です。

年率1%のインフレだと仮定すると、40年後の物価は1.01の40乗、つまり約1.5倍です。60歳で1.0倍、100歳で1.5倍、平均すると1.25倍です。

20万円×12ヶ月×1.25倍×40年＝1億2000万円になります。想像を絶する金額です。充実した年金制度がないと暮らせないことがわかります。

解説

老後に必要なお金をシミュレーションする

老後に必要なお金はいくらくらいなのかを計算してみて、改めて老後の不安を感じた人も多いのではないでしょうか。

わずか1%のインフレを前提としても、60歳から100歳まで生きるのに1億2000万円必要です。現在は物価が安定していますが､いつ超インフレがくるかもわかりません。国としての年金制度の充実が問われるところです。

詳しい計算は省きますが、ちなみに年率3%のインフレとすると、月額20万円が40年後は3.26倍、つまり月額約65万円になります。40年間に必要なお金は、約2億円になります。

日本が超インフレになるとしたら、大きく2つのきっかけがありそうです。1つめは、資源インフレです。輸入する石油や穀物の値上がりが続いて、物価が上昇する場合です。2つめは、日本の国力が低下したときです。たとえば、日本が貿易赤字になると、自国通貨が弱くなるので円の価値が下がります。わたしたちは、世界経済にも目を向けて、自分の老後を守る覚悟が必要のようです。

(今から老後資金を考えておこう)

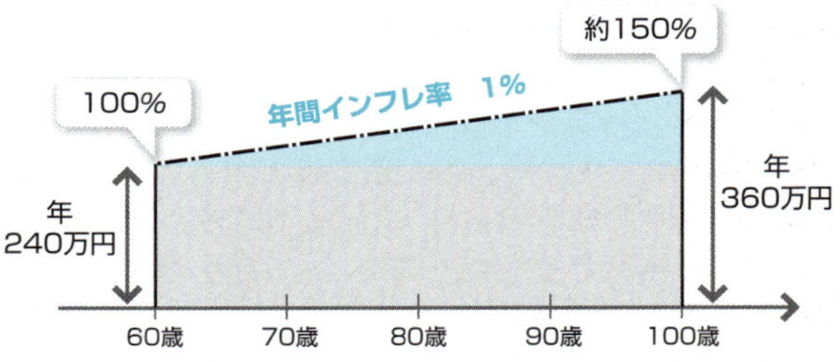

240万円×1.25倍×40年＝1億2000万円

数字力1分間トレーニング／コラム

第７章　正確に把握できない数字

◆三国志の時代、中国の人口は？

三国志の時代は西暦200年ごろ、今から約1800年前です。さて、当時の中国の人口は、どのくらいだったのでしょうか？

現在が約13億ですから、相当な人数がいたのでしょう。あなたは、何人ぐらいだったと思いますか？

三国志の時代の中国には、1000万人もいなかったといわれています。その根拠は、当時の最大の国である「魏《ぎ》」（君主は曹操《そうそう》）の人口が500万といわれているからです。

有名な「赤壁の戦い」において、曹操軍約100万人（実際には約85万人ともいわれます）が、「呉《ご》」（君主は孫権《そんけん》）を攻めました。全勢力の大半を動員した最大の国、魏の総人口が500万といわれるゆえんです。

残りの「呉」の総人口は200万以下、「蜀《しょく》」（君主は劉備《りゅうび》）が100万以下というのが現在の定説です。

さて、江戸時代の人口は何人くらいだったのでしょうか？　1725年ごろの江戸の人口は、100万を超えていたと推定されています。当時では、1つの都市における人口としては世界最大だったようです。また、江戸の町には、玉川上水などから引かれた水が、縦横無尽に走っていました。衛生面でも、世界的にとてもすぐれた町でした。

おわりに

数字の面白さ、奥の深さを感じていただけたでしょうか。数字がさまざまな意味を持っていることに気づいていただければ、今までよりもっと数字に興味がもてるのではないでしょうか。ではもう一度、本書の内容をかいつまんで振り返ってみましょう。

「第1章　会社の数字」では、ゴーイングコンサーン、変動費と固定費のからくり、限界利益、損益分岐点などをご紹介しました。

「第2章　お店の数字」では、量販店やコンビニが、なぜ多店舗展開をするのかを考えました。また、経営効率を表す坪単価売上や交差比率についてもご紹介しました。

「第3章　マーケティングの数字」では、イノベータ理論、シェアの法則、ライフサイクルの法則などのさまざまな法則をご紹介しました。

「第4章　モノ作りの数字」では、直接費と間接費、減価償却費、アウトソーシング、グローバルソーシングなどをご紹介しました。

「第5章　時間とお金の数字」では、資金に時間的価値があること、評価損、残価設定型プラン、機会損失、投資回収期間、埋没原価などをご紹介しました。

「第6章　経済学の数字」では、需要と供給のメカニズム、アダム・スミスの見えざる手と市場の失敗、参入規制の社会的コスト、規模の経済などをご紹介しました。

「第7章　正確に把握できない数字」では、世の中は仮説で動いていること、テストマーケティング、仮説を置いて予測すること、シミュレーションなどをご紹介しました。

「数字って案外面白いな」と思えばしめたものです。日々の仕事や生活の中でも、いろんな数字を頭に置いて考えたり、話したりしてみませんか？

西村 克己（にしむら　かつみ）

芝浦工業大学大学院客員教授
岡山市生まれ、経営コンサルタント

東京工業大学「経営工学科」大学院修士課程修了後、富士写真フイルム（現：富士フイルム）株式会社入社。1990年に日本総合研究所に移り、主任研究員として民間企業の経営コンサルティング、講演会、社員研修を多数手がける。2003年より芝浦工業大学大学院「工学マネジメント研究科」教授、08年より芝浦工業大学客員教授。専門分野は、MOT（技術経営）、経営戦略、戦略的思考、仮説思考、プロジェクトマネジメント、ロジカルシンキング、図解思考。
主な著書に『戦略思考１分間トレーニング』『論理力１分間トレーニング』『問題解決力１分間トレーニング』（ソフトバンク クリエイティブ）、『戦略的な人の超速★仕事術』『戦略構想力が身につく入門テキスト』『論理的な考え方が面白いほど身につく本』（中経出版）、『経営戦略のトリセツ』『プロジェクトマネジメントのトリセツ』（日本実業出版社）、『戦略思考トレーニング』（PHP研究所）、『スピード仕事術』『スピード思考術』（東洋経済新報社）などがある。

数《すう》字《じ》力《りょく》1《いっ》分《ぷん》間《かん》トレーニング
数字《すうじ》で考《かんが》え、伝《つた》える技術《ぎじゅつ》

2009年10月26日　初版第１刷発行

著　　者　西村克己

発 行 者　新田光敏
発 行 所　ソフトバンク クリエイティブ株式会社
〒107-0052　東京都港区赤坂4-13-13
電話　03-5549-1201（営業部）

本文デザイン　きゃら
本文イラスト　ひろまみ
印刷・製本　中央精版印刷株式会社

落丁本、乱丁本は小社営業部にてお取り替えいたします。
本書の内容に関するご質問等は、小社学芸書籍編集部まで書面にてお願い致します。